Hilke Maunder

Glücksorte in Südwestfrankreich

Fahr hin & werd glücklich

D

Dieses

Glücksbuch

ist für

Liebe Glücksuchende,

le bonheur heißt Glück auf Französisch, und das gibt es im Südwesten von Frankreich an fast jeder Ecke. 970 Kilometer lang präsentiert die Atlantikküste zwischen La Rochelle und Spanien ihre atemberaubende Natur mit Dünen, Kliffs und Flüssen wie dem Courant d'Huchet, der die Badeseen in den Kiefernwäldern der Forêt des Landes mit der Brandung am Atlantik verbindet. Jetzt tief einatmen – und sie intensiv spüren, diese Extraportion Glück!
Le bonheur serviert der Südwesten auch ganz weit oben – am Leuchtturm Phare de la Coubre wie auch in den Pyrenäen, wo der Petit Train d'Artouste auf 2000 Metern Höhe durch eine erstaunliche Bergwelt rattert. Oder strampeln Sie mit einem Elektrorad ganz entspannt auf der Route des Cols. Dort liegt Ihnen Südwestfrankreich zu Füßen – friedvoll und hundert Prozent authentisch. So wie die Küche, die im Étable d'Ossau nachhaltig und garantiert lokal ist. *La cuisine du terroir* boomt im Südwesten von Frankreich, und das bedeutet dort: lauter Hochgenüsse, tief verwurzelt in der Heimat. Erleben Sie den Südwesten Frankreichs mit meinen Tipps mit allen Sinnen!

Ihre Hilke Maunder

Deine Glücksorte ...

... noch mehr Glück für dich

Kuchentraum mit Trubel

1 Die Fête du Gâteau Basque in Cambo-les-Bains

Le gâteau basque! Das ist die Leckerei, die alljährlich am ersten Wochenende im Oktober Tausende Basken und Besucher zur Fête du Gâteau Basque nach Cambo-les-Bains pilgern lässt. Denn mitten im Anbaugebiet des schärfsten Chilis Frankreichs soll vor mehr als 200 Jahren der berühmte Kuchen der Basken erfunden worden sein. Doch von wem? Da tobt ein Streit der Legenden um den *etxeko bixkotxa,* wie er auf Baskisch heißt. Angeblich soll Marianne Hirigoyen als einzige Konditorin der Kurstadt erstmals jenen Kuchen gebacken haben, der sowohl knusprig als auch saftig war. Ob er mit Kirschen oder Konditorcreme gefüllt war? Auch darüber streiten die Anhänger des legendären Kuchens. Madames Kuchen jedoch war Stadtgespräch – und lockte selbst Persönlichkeiten wie Napoleon III. und Eugénie de Montijo in den Jahren 1856 und 1858 nach Cambo-les-Bains.

TIPP

Hüftgold nach der Fête du Gâteau Basque vertreibt ein Besuch der Thermen von Cambo-les-Bains.

Zur gleichen Zeit buken auch die Schwestern Elisabeth und Anne Dibar solch einen runden Mürbeteigkuchen, bezeugt eine notariell beglaubigte Urkunde in der Backstube der Schwestern. Für viele gelten daher die beiden „Biskotx-Schwestern" als Hüterinnen des echten Baskenkuchens.

Inzwischen wurde er längst kreativ weiterentwickelt – und es gibt ihn auch mit Mandelmus, Haselnüssen und anderen köstlichen Füllungen. Um jedoch vor der Bruderschaft Confrérie du Gâteau Basque beim jährlichen Kuchenbäcker-Wettbewerb bestehen zu können, müssen sämtliche Zutaten aus dem Baskenland stammen oder in ihm verwurzelt sein. So wie die Vanille und der Rum, die aus den einstigen Kolonien über den Hafen von Bayonne ins Land gekommen waren. Eine Charta hält genau Regeln, Zutaten und Zubereitungsart für den baskischen Kuchen fest. Wie er perfekt gelingt, lässt sich ganz praktisch bei Backkursen unter freiem Himmel während der Fête du Gâteau Basque lernen. Die Schauküche ist der Publikumsmagnet des Gourmet-Markts. Zwei Tage lang erobert dieses baskische Schlaraffenland die gesamte Innenstadt. Welch eine köstliche Verführung!

- Fête du Gâteau Basque, im gesamten Ortszentrum von Cambo-les-Bains, Office de Tourisme, Tel. +33 (5 59) 29 70 25
- ÖPNV: zu Fuß ab Bahnhof Cambo-les-Bains

DU GATEAU BASQUE
les Bains

Hallo, Storch!

2 Le Domaine de Certes et Graveyron

Früher war der Domaine de Certes et Graveyron eine riesige Fischzucht im Osten des Bassin d'Arcachon. Die französische Naturschutzorganisation Conservatoire du littoral verwandelte es in einen Ort, der sinnlich wie lehrreich eine einzigartige amphibische Landschaft vorstellt. Unterwegs sorgen die unterschiedlichen Stimmungen, Gerüche und Aussichtspunkte für eine Fülle von Emotionen.

In Certes prägen geradlinige, geometrische Becken die Landschaft. Graveyron ist wilder und intimer. Zwischen Land und Meer, Süß- und Salzwasser prallen hier auf 530 Hektar die unterschiedlichsten Biotope aufeinander: Teiche, Schilfgürtel, Salzwiesen, Feuchtwiesen, Laub- und Nadelwälder. Am nordwestlichen Ende des Geländes mit dem Damm der Pointe de Branne eröffnet sich ein spektakulärer Weitblick auf das Bassin d'Arcachon. Unvergleichlich! Zwei markierte Routen für Wanderer und Radfahrer führen am Rand von Salzwiesen, ehemaligen Salzgärten oder auch Fischzuchtbecken durch das Naturjuwel, in dem Zugvögel rasten und nisten. Der 14 Kilometer lange Certes-Rundweg beginnt wahlweise am Schloss von Audenge oder am Badebecken von Lanton, der 5 Kilometer lange Graveyron-Rundweg am Hafen von Audenge. Unbedingt mit in den Rucksack gehört neben Trinkwasser, Mückenmittel und Sonnenschutz ein Fernglas. Kormorane, Schwäne, Silberreiher, Schwarzmilane und sogar Störche lassen sich damit hautnah beobachten. Und wie herrlich ist es, wenn sich Graureiher langsam in die Lüfte erheben und entschweben! Wer Badezeug mitnimmt, kann bei Flut die Picknickpause am kleinen Naturstrand von Graveyron mit ein paar Schwimmzügen verbinden und bei Ebbe im nahen Meerwasser-Becken planschen. Die schönsten Entdeckungen an Land und auf dem Wasser verbinden geführte Ausflüge, die im Port Cassy beginnen – erst wird gewandert, dann im Meerkajak zurückgepaddelt. Doch wie auch immer man diese amphibische Landschaft entdeckt: Staunen begleitet den Weg, und Freude verankert sich in Erinnerung.

TIPP

Die Austernzüchter des Port d'Audenge servieren ihre frische Meeresküche in Terrassenlokalen.

● Domaine de Certes et Graveyron, 47, Avenue de Certes, 33980 Audenge, Tel. +33 (5 56) 82 71 79

● ÖPNV: Bus 610, Haltestelle Avenue du Certes

Ecluse du Pont
7

Magie am Fluss

3 L'Emeraude in Confolens

Ein Sommertag. Schäfchenwolken tanzen am Himmel. Mit neun Bögen überspannt der Pont Vieux als wuchtige Granitbrücke die Vienne. Sumpfdotterblumen leuchten gelb am Ufer. Enten schnattern. Das Auge schaut, die Seele atmet die Beschaulichkeit. Ein entspannter Frieden liegt über dem Städtchen am Zusammenfluss von Vienne und Gore, die ihm seinen Namen gaben: Confolens (von lat. confluens). 1000 Jahre ist es alt und hat in seinen Gassen das Erbe von einst mit Hinguckern von heute garniert – wie die Wendeltreppe aus Kortenstahl, die im kleinen Uferpark der *mairie* (Rathaus) Ausblicke auf die Vienne eröffnet. Und genau hier, an der Sprachgrenze zwischen der langue d'oïl und der langue d'oc, betreiben Joëlle und Stéphane Devoos ein typisch französisches Provinzhotel von 1968. 2003 verließen sie ihre bergige Heimat Haute-Savoie – und fanden in Confolens ihr Herzblutprojekt mit dem Hotel, das sie seitdem mit viel Elan modernisiert haben. An der Bar-Terrasse trifft sich die Stadt morgens zu Kaffee und Klönschnack. Der Speisesaal hat schon unzählige Familienfeiern erlebt. Eine Treppe führt hinauf zu 18 gutbürgerlichen Zimmern. Sein Juwel indes hat das Zweisternehaus gut hinter seiner Fassade versteckt: die Terrasse des Hôtel de l'Emeraude. Wie ein Bootssteg überragt sie aufgeständert das Ufer der Vienne. An kühlen Tagen schützt eine Verkleidung vor Regen und Wind, und ein Feuer flackert lodernd im Heizstrahler. Bei schönstem Sommerwetter jedoch schweift der Blick ungehindert über den Fluss und seine Brücken, und die kleinen rechteckigen Tische sind bis auf den letzten Platz besetzt. Verführerisch duftet es aus der Küche. Bodenständig und ehrlich sind alle Gerichte, die auf der saisonal wechselnden Karte stehen, und tief verwurzelt im heimatlichen *terroir* der Charente Limousine, dieser großen, welligen und zerklüfteten Hochebene an den letzten Ausläufern des Massif Central. Herzhaft, deftig und doch raffiniert begeistern die Gerichte den Gaumen. Magie am Fluss – von 6:30 Uhr bis Mitternacht!

TIPP

Auf der Bahnstrecke Confolens – Manot – Roumazières-Loubert locken Draisinen-Fahrten und Triebwagen-Touren!

● Hôtel L'Emeraude, 20, Rue Émile Roux, 16500 Confolens, Tel. –33 (5 45) 84 12 77
● ÖPNV: Bus L 245, Haltestelle Marché Couvert, dann Fußweg

Bitte nur slow

4 Labastide-d'Armagnac

Es gibt Orte, die lassen sofort die Augen strahlen und das Herz hüpfen. Nicht mit greller Animation oder Gigantismus, sondern Harmonie. Ein solcher Ort ist Labastide d'Armagnac im Département Landes. Das charmante Dorf liegt im Herzen eines Weinbaugebiets, in dem der älteste Weinbrand Frankreichs hergestellt wird. Alles hat dort menschliche Größe. Schon das Zurechtfinden ist kinderleicht.

Labastide d'Armagnac ist eine Bastide, und damit eine jener Siedlungen im Südwesten, die im Mittelalter nach einem sehr klaren wie einfachen Grundriss gegründet wurden: wehrhaft mit Mauer nach außen, im Innern Straßen im Schachbrettmuster um einen zentralen Platz. Auch Graf Bernhard, der mit Unterstützung des englischen Königs im Jahr 1291 Labastide-d'Armagnac gründete, hielt sich an dieses Prinzip. Seine zentrale Place Royal umgeben noch immer die Arkaden von einst. Neben Wohnungen bergen sie auch mehrere Boutiquen und Lokale. Die Domaine de Luycet verkauft dort ihre Weine, ein Café Crêpes. Alain Baillou von Le Bastignac hat Tische und Stühle in die Arkaden gestellt und verführt mit köstlichen Entengerichten die Sinne. Auf der anderen Seite des Kopfsteinplatzes, der Heinrich IV. zum Bau des Place des Vosges in Paris inspirierte, erhebt sich imposant die Festungskirche – im Innern birgt sie als Chorwand ein erstaunliches Trompe-l'oeil aus dem Jahr 1831.

TIPP
Das Château Garreau führt Carole. Ihr Weingut besitzt den einzigen unterirdischen Keller im Armagnac.

Eine zufriedene Beschaulichkeit liegt über der Bastide, die bereits seit 2011 zur Cittaslow-Bewegung gehört und 2021 die erste Cité de Caractère (kleine Stadt mit Charakter) des Départements wurde. Die bewusste politische Entscheidung zu Entschleunigung und behutsamer, langsamer Entwicklung sorgt dafür, dass hier alles in seinem eigenen Rhythmus reifen kann. Dieses Flair lockt immer mehr Künstler an. In buntem Fachwerk und altem Stein haben sie Ateliers oder Galerien eröffnet. Im Sommer ist die Bastide eine Bühne unter freiem Himmel. Seit 2011 präsentiert das Festival L'Oreille en Place im Juli alles, was man hören kann.

- 40240 Labastide-d'Armagnac, Office de Tourisme: Place Royal, Tel. +33 (5 58) 03 40 31
- ÖPNV: Bus 442, Haltestelle Labastide d'Armagnac

Die coole Mütze

5 Le Musée du Béret in Nay

Eine Hirtenkappe aus dem Béarn hat weltweit die Herzen erobert: *le béret.* Marlene Dietrich trug sie lasziv rauchend auf Halbmast auf dem blonden Haar. Audrey Tatou zog sie ganz tief bis zu den Ohren. Madonna versteigerte 1993 ihre handsignierte Baskenmütze aus schwarzer Wolle bei der Jean Paul Gaultier Runway-Show in L.A. zugunsten der American Foundation for AIDS Research. 7.040 US-Dollar spielte sie ein. *Le béret* hat die Geschichte geprägt – und legendäre wie berührende Geschichten geschrieben.

Einige davon erzählt Nadège Dos Santos in ihrem privaten Musée du Béret. In der einstigen Manufaktur von Blancq Olibert stellt das weltweit einzigartige Museum auch die vielen einzelnen Schritte der *béret*-Herstellung vor. Kaum zu glauben, dass der nostalgische Maschinenpark von 1840 schon damals eine solch feine Handarbeit anfertigen konnte!

Bei der *tricotage* wird die Rohform des *béret* aus ungefärbter Schafswolle gestrickt – anfangs erfolgte dies per Hand, später übernahmen es Strickmaschinen. Bei der *pesage* wird jede Mütze grammgenau gewogen, um sicherzustellen, dass jedes *béret* identisch ist. Nach dem Stricken erhält die Rohform einen kleinen Saum und kommt in den *foulon,* wo sie im heißen Seifenwasser bis zu 14 Stunden lang gefilzt wird, ehe sie bei der *teinturage* ihre Farbe erhält. Frisch geschleudert und getrocknet, kratzen getrocknete Distel-Blüten Flusen und Wollreste ab. Bei der *tondage* anschließend glattrasiert gibt die *gaufreuse* dem *béret* die perfekte Form und zieht es auf die gewünschte Mützengröße. Jetzt den *cabillou*-Zapfen auf dem Mützendeckel einkürzen, ein ledernes Hutband einnähen und mit dem kleinen farbigen *bouflette*-Knoten markieren, wo hinten ist: Fertig ist *le béret* – und der Rundgang durch das Museum, das in seiner Boutique säuberlich nach Farben sortiert die Kultmütze verkauft. Auch die Fußballer von Paris Saint-Germain haben sich dort eingedeckt. Und twitterten danach: Das *béret* ist ein *porte-bonheur,* ein Glücksbringer!

TIPP

Jean-Bernard Daban ist der letzte Glockengießer im Béarn, der Geläute für Weidetiere herstellt.

- Le Musée du Béret, Place Saint-Roch 64800 Nay, Tel. +33 (5 59) 61 91 70
- ÖPNV: Bus 0535, Haltestelle Amphithéâtre

Wilde Dünen

6 Das Cap de l'Homy

Das Cap de l'Homy ist Natur pur an der Ferienküste Aquitaniens: ohne Hotels in den Dünen, ohne breite Promenade, ohne Animation am Strand oder laute Beach Bars – und gerade darum ungeheuer beliebt. Auf halbem Weg zwischen Moliets-et-Maa und Mimizan im Département Landes ist das 78 Meter hohe Kap herrlich weit vom sonstigen sommerlichen Trubel der Badeorte an der Silberküste entfernt. 10 Kilometer lang ist sein Badestrand, der hinter hohen Dünen den Ozean säumt, von Gischt umspült, wild und weit. Möwen gellen im Wind, stürzen sich nach Fischen in die Fluten. Fein kitzelt der Sand beim Spazierengehen unter den Füßen. Weit gleitet der Blick über den Atlantik. Jeder Atemzug vitalisiert, versorgt den Körper mit Jod, Salz, Aerosolen und Mineralien. Der Blick übers Meer ist autogenes Training open-air. Der wogende Rhythmus der Wellen beruhigt Körper und Psyche. Alles ist im Fluss und hat seinen Rhythmus, unveränderlich, seit Urzeiten. Das ozeanische Reizklima wirkt wie ein Jungbrunnen – das ganze Jahr hindurch. Wer nicht joggt, wandert den Strand entlang und entdeckt eine grandiose Natur. Dass sie auch zukünftig so unberührt und ursprünglich erhalten bleibt, garantiert das Office National des Forêts (ONF). Seit Jahrzehnten schützt das Forstamt am Cap de l'Homy die Küste und ihre Dünen. Nur wenige Gebäude wurden dahinter für die kleine Strandsiedlung genehmigt: der kommunale Campingplatz, zwei Restaurants, eine Bar, ein Mini-Markt, einige Wohnhäuser und zwei Surfshops. Sie verleihen, was Surfer, Kitesurfer, Stand-Up-Paddle-Fans, Bodyboarder und Skimboarder so alles brauchen – und vermitteln in Kursen die Grundlagen aller maritimen Gleitsportarten. Mit seinen schönen Wellen und einem Beach Break sorgt das Cap de l'Homy für Nervenkitzel und Adrenalinkicks, und Endorphine rauschen durch den Körper. Jetzt noch ein letztes Mal hinauf und sich auf oder in die Brandung gestürzt!

TIPP

Blutrot versinkt die Sonne im Meer: Ein Sonnenuntergang am Cap de l'Homy ist pure Romantik!

- Cap de l'Homy, 40170 Lit-et-Mixte, www.cotelandesnaturetourisme.com
- ÖPNV: kostenloser Pendelbus zwischen Dorf und Düne im Juli/August

617 Kilometer Strampelspaß

7

Die Vélo Francette nach La Rochelle

Sie wurde zur schönsten Radroute Frankreichs gewählt und ist ein echter Radeltraum: die Vélo Francette. Von Ouistreham bis nach La Rochelle verbindet sie auf 617 Kilometern Länge die Landungsstrände am Ärmelkanal mit der berühmten Hafenstadt am Atlantik. Unterwegs führt sie durch einige der schönsten Landstriche Frankreichs. Nach den Apfelhainen, Camembert-Bauern und Calvados-Brennern der Normandie und Winzern des Anjou erreicht sie im Tal des Thouet die Gemeinde Thouars, das wehrhafte Tor zum Südwesten. Imposant thront ihr Schloss über einer Flussschleife. Zu Füßen der alten Stadtbefestigung lädt der Blumenpark Imbert zum Picknick im Grünen. Sehr schön zum Schlemmen sind auch die Ufer von Availles-Thouarsais mit ihren Kalksteinhängen, die zur Trüffelzucht genutzt werden. So viel Sehenswertes lockt! Da fallen die Etappen kurz aus. Flach sind die Wege und einfach zu radeln: perfekt für die ganze Familie!

TIPP

Auf www.lavelo-francette.com präsentiert ein Podcast Bauern, Bierbrauer und Erzeuger an der Route.

Abseits vom Verkehr geht es ins malerische Airvault, zur Inselstadt St.-Loup-sur-Thouet – und zur Badepause an den See von Cébron, ehe Parthenay einen Besuch verdient. Südlich dieser Mittelalterperle beginnt der künftige regionale Naturpark Gâtine Poitevine mit seinen Wallhecken-Feldern, Wäldern und Seen, alten Städten und seiner herrlich entspannten, ländlichen Beschaulichkeit. Was sich unter der Erde verbirgt, lässt sich in Champdeniers besichtigen: ein 2 Kilometer langes, unterirdisches Fluss- und Höhlensystem. In Ternanteuil erreicht la Vélo Francette die Sèvre Niortaise. In großen Schleifen windet sie sich nach Niort und lädt dort zu einem besonderen Sightseeing-Spaß (Glücksort 30). Niort ist das Tor zum Marais Poitevin. Die Vélo Francette führt nun mitten hinein in Frankreichs berühmten Sumpf. Ein Labyrinth aus Kanälen, kleinen Dörfern und Gemüsefeldern bildet dort ein faszinierendes Puzzle, das sich am besten bei einer Kahnfahrt (Glücksort 39) erleben lässt. Für den Schluss-Sprint teilt die Vélo Francette ihre letzte Etappe mit der Vélodyssée: Willkommen in La Rochelle!

- Vélo Francette, Ziel in La Rochelle
- ÖPNV: Südwest-Teilstück: TER, Haltestelle Bahnhof Thouars oder TGV, Haltestelle La Rochelle

la Vélo Francette
43
NIORT
Niort
11km
Magné

Miam, Macarons!

8

Die Maison Adam in Saint-Jean-de-Luz

Pink, Himmelblau, Froschgrün, Braun und Orange: So kunterbunt liegen Frankreichs berühmte Macarons in den Auslagen der *Pâtissiers.* Außen knusprig, innen ein zartschmelzendes Herz aus feiner Ganache: So verführt der Keks den Gaumen und lässt die Seele jubeln. Traditionell schmecken sie nach Gewürzen, Früchten und Nüssen. Doch längst gibt es Macarons nicht nur süß, sondern auch herzhaft. Curry, Avocado-Kirsch und Karotten-Käse, Sardinen und selbst Kaviar: Kaum ein Aroma fehlt, das nicht zwischen die beiden zarten Hälften gepackt wird.

„Alles neumodischer Kram", sagen die Bäcker der Maison Adam im baskischen Seebad Saint-Jean-de-Luz, „erfunden im 19. Jahrhundert von Pierre Desfontaines, dem Cousin von Louis Ernest Ladurée." Jener brachte die Kekse erstmals paarweise zusammen und füllte das Duo mit einer Crème-Füllung. Ladurée stieg dank dieser Idee zum Weltunternehmen auf. La Maison Adam indes bewahrt die Tradition und damit den echten, ursprünglichen Macaron. Seit 1660 verlässt er – völlig ohne Füllung – die Backstube. Auch ein Überzug fehlt. Stattdessen glänzen außen knusprig golden die Mandeln und erobern mit ihrem weichen wie saftigen Schmelz die Sinne. Denn frisch müssen sie sein! Dazu stehen die Bäcker des Maison Adam jeden Tag frühmorgens in der Backstube, kneten den Teig und backen die Macarons. Und das seit vier Jahrhunderten! Bei der Hochzeit von Ludwig XIV. im Jahr 1660 in Saint-Jean-de-Luz erlagen bereits seine Mutter und die spanische Infantin Maria Theresia den feinen Makronen von Monsieur Adam. Später stippten russische Flüchtlinge, Künstler und bretonische Fischer im Pâtisserie-Cabaret Adam den Mandeltaler in ihren Weißwein. Heute baut der Patron Jean-Pierre Telleria-Adam aus den Keksen mehr als einen Meter hohe Kegel und stellt sie ins Schaufenster seines Stammhauses in der Fußgängerzone von Saint-Jean-de-Luz. Jene gehören für die Einheimischen bei Familienfesten einfach dazu – und schenken jedem Gast einen köstlichen Moment lang Glück.

TIPP

Täglich ein Genuss-Reich ist die Markhalle von Saint-Jean-de-Luz mit ihren 37 Händlern.

Maison Adam, 6, rue de la République, 64500 Saint-Jean-de-Luz, Tel. +33 (5 59) 26 03 54, www.maisonadam.fr

Kunstvoll unterwegs

9 Der Skulpturenweg von Julienne

Alle zwei Jahre transportieren Sattelschlepper in XXL tonnenschwere Kalksteinblöcke aus Tervoux nach Julienne. 155 Millionen Jahre alt ist der Stein, der in Chasseneuil-du-Poitou im Département Vienne in der Nähe von Poitiers gewonnen wird, hellbeige und schön weich. Anfangs jährlich, seit 2007 nun alle zwei Jahre, schlagen, brechen, ritzen und feilen daraus Künstler aus aller Welt zwölf Tage lang monumentale Werke. Stets wechselt das Thema des Internationalen Symposiums für zeitgenössische Bildhauerei. 80 Werke sind seit 2002 so entstanden. Gemeinsam bilden sie einen faszinierenden „Weg der zeitgenössischen Skulptur", der sich rund um die Uhr das ganze Jahr hindurch kostenlos beim Spazierengehen entdecken lässt.

Besonders berührend ist eine Skulptur, die sich vor der alten Pfarrkirche Notre-Dame von Gondeville erhebt. Trotz der Nähe zu Jarnac ist Gondeville bis heute ein stiller Ort, wie aus der Zeit gefallen mit dem einstigen Schloss, das heute als Rathaus dient, seinem Totendenkmal und seinem verschlossenen Brunnenhäuschen. Es ist genau das richtige Umfeld für die „Éliette" von Claudine Brusorio. Gleich der französischen Freiheitsikone Marianne steht sie als Statue in klassisch griechischer Anmutung 1,40 Meter groß auf der Place de l'Église. Welch ein Kontrast zum Thema! Denn jenes lautete beim dritten Internationalen Bildhauer-Symposium im Jahr 2004 „Die Comicfiguren von Angoulême". Angoulême ist Frankreichs Comic-Hauptstadt (Glücksort 76) und veranstaltet alljährlich ein großes internationales Comic-Festival im Januar. Seine Strahlkraft beeinflusst auch die bildende Kunst. Die junge Künstlerin aus Châteaugiron wählte für ihr Werk die gleichnamige Comicheldin von Tibource Oger. Auch Harut Yekmalyan aus Armenien nahm die „Éliette" als Sujet. Doch bei ihm ist die Heldin kopflos, reduziert auf ihren Torso voller Weiblichkeit. Bei Claudine Brusorio indes strahlt die Skulptur eine stille Kraft aus, die sich auf den Besucher überträgt und ihn nach dem Fortgehen noch begleitet.

TIPP

In Jarnac hat die Cognac-Brennerei Courvoisier am Ufer der Charente ihre Türen für Besichtigungen geöffnet.

- Association Julienne Métiers d'Art & Tourisme, 1, Place de la Mairie, 16200 Julienne, Tel. +33 (5 45) 81 20 24
- ÖPNV: TER, Haltestelle Bahnhof Jarnac, dann 3 Kilometer Fußweg

Schlamm voller Wunder

10

Die Thermen von Dax

Dax ist nichts für einen schnellen Besuch. In Frankreichs größtem Thermalkurbad muss man einfach mal die Augen schließen, die Zeit verstreichen lassen und die wohltuende Wirkung einer uralten Wasserquelle aus der Tiefe genießen. Wie ein Heiligtum hütet Dax seine Quelle im Herzen der Stadt am Adour. Eingefasst in einem Tempel des 19. Jahrhunderts ohne Dach sprudelt die Source de la Néhe mit drei Fontänen in ein säulengeschmücktes, rechteckiges Becken und schießt, 64 Grad heiß, aus neun Löwenmäulern. In 2000 Metern Tiefe entspringt die Quelle und sprudelt empor: 2.400.000 Liter Wasser täglich!
Mit diesem Heilwasser soll Julia, die Tochter des römischen Kaisers Augustus, vor 2000 Jahren in Dax ihr Rheuma kuriert haben. Auch der Hund eines römischen Legionärs, der kaum noch laufen konnte, soll in Dax geheilt worden sein. Sein Herrchen hatte das Tier in den Schlamm des Adour gesetzt. Übergroß erinnert vor der Kathedrale ein Denkmal aus Bronze an dieses Wunder. 1894 begann in Dax der Kurbetrieb. Prominente wie Staatschef Clemenceau und Schauspielerin Sarah Bernhardt machten das Städtchen zum Kurort der Luxusklasse.

TIPP

Kult nach dem Kurbad sind die knusprig-zarten Madeleines der Pâtisserie Cazelle. Köstlich!

Heute verabreichen 21 Thermalkurhäuser Wellness mit Schlamm. Diese Peloidtherapie hat die Stadt auch über die Landesgrenzen berühmt gemacht. Als Bad, Wickel oder Packung soll der Heilschlamm von Dax bis heute wahre Wunder bei Arthrose, Osteoporose, Rheuma oder Gicht bewirken. Auch bei Wellnessanwendungen sorgt der Schlamm sofort für Wohlbefinden. Eine innere Wärme macht sich breit, entspannt den Körper und vertreibt schlechte Gedanken: Tiefenentspannung! Zahlreiche Massage- und Beautyanwendungen ergänzen das Angebot. Für alle, die so eine Woche lang in Dax verwöhnt werden wollen, haben drei Kurbäder sechstägige Mini-Kur-Pakete zusammengestellt. Schwimmbad und Spa vereint das Sourcéo, das ebenfalls zu den Thermen von Dax gehört. Doch damit nicht genug: Jenseits des Adour-Flusses lockt Saint-Paul-lès-Dax ebenfalls mit Wellness- und Kururlaub mit dem Schlamm voller Wunder.

● Thermes d'Adour, Boulevard Saint-Pierre, 40100 Dax, Tel. +33 (5 58) 90 60 85
www.thermes-dax.com

1001 Tropfen in Rot

11 Die Premiers Grands Crus von Saint-Émilion

1001 Weingüter auf 5000 Hektar: 40 Kilometer östlich von Bordeaux erzeugen die Winzer von Saint-Émilion seit Jahrhunderten Weine voller Emotionen. Als erstes Weinbaugebiet weltweit wurde die AOC Saint-Émilion mit ihren acht Dörfern 1999 zum UNESCO-Welterbe geadelt. Sein Star ist der Merlot, der auf den unterschiedlichsten Böden dort sein ganzes Potenzial entfalten kann. Am liebsten paart er sich mit dem Cabernet Sauvignon, der für pfeffrige Noten sorgt. Doch auch Cuvées mit Cabernet Franc, Malbec Petit-Verdot und Carmenère verwandeln den Merlot in einen samtigen, kraftvollen Verführer, wie Bars und Probierstuben in Saint-Émilion beweisen.

Das mittelalterliche Städtchen ist durchlöchert von Kellern und Kasematten. Seine Weinberge erstrecken sich bis an den Horizont. Zu ihnen zuckelt der Minizug Le Petit Train. Schöner und nachhaltiger lässt sich das weltberühmte Weinland auf einer 15 Kilometer langen Runde per Rad oder zu Fuß entdecken. Sie beginnt am Office de Tourisme und führt vorbei an der Tour du Roy zum Château Canon. Wie die Perlen einer Kette säumen exquisite Weingüter nun die Route: Angélus, Arnaud de Jacquemeau, Franc, La Fleur Picon, Château Bezineau und Bezineau … sechs berühmte Namen auf den nur 4 Kilometern bis Fortin!

TIPP

Die Tour du Roy als letzter Rest der Burg eröffnet weite Ausblick auf das Weinland von Saint-Émilion.

Doch die Route kann sich noch steigern. Nach dem Château La Dominique wird das Château Cheval-Blanc erreicht. 131 Millionen Euro zahlten die Familien Arnault und Frère 1998 für den 37 Hektar großen Weinberg! Vorbei an Certan, dem ältesten Weingut des Pomerol, taucht das Château Pétrus auf, ein sandsteinfarbenes Palais mit schmiedeeisernem Schmuckgitter. 11,4 Hektar ist sein Weinberg groß, aus Merlot und Cabernet Franc komponiert seine Tropfen, die weit mehr sind als ein klassischer Rotwein – nämlich atemberaubende Jahrgänge, die als die besten Premiers Grands Crus von Bordeaux anerkannt wurden. Beschwingt geht es via Maillet und vorbei an vier weiteren *châteaux* zurück nach Saint-Émilion. Welch eine wundervolle Weinrunde!

- 33330 Saint-Émilion, Office de Tourisme: Place des Créneaux le Doyenné, Tel. +33 (5 57) 55 28 28
- ÖPNV: TER, Haltestelle Bahnhof Saint-Émilion, weiter zu Fuß oder per Rad

Schauen und schweben

12 Der Pont Transbordeur von Rochefort

Sechs dieser ungewöhnlichen Passagen hatte Ferdinand Arnodin (1845–1924) einst erbaut: in Rouen (1899), Rochefort (1900), Nantes (1903), Marseille (1905), Brest (1909) und Bordeaux (1910). Doch nur eine von ihnen ist heute noch erhalten: der Pont Transbordeur von Rochefort. Einzigartig wie seine Architektur ist auch die Brückenpassage. Fahrzeuge oder Fußgänger gehen oder fahren nicht, sondern werden schwebend über den Fluss getragen. Von früh bis spät pendelt die 14,60 Meter lange und 11,60 Meter breite Gondel mit ihren großen Panoramafenstern alle 10 bis 15 Minuten zwischen Rochefort und Échillais hin und her. Ein Handzeichen genügt – schon schwebt sie heran. 4,5 Minuten dauert diese nostalgische Passage über die Charente, und jede Sekunde ist ein zauberhafter Moment. Und das seit mehr als 100 Jahren.

TIPP
Direkt neben der Brücke präsentiert die Maison du Transbordeur Infos und Anekdoten zum Bau.

Noch im 19. Jahrhundert war die Fähre die einzige Möglichkeit, die Charente zu überqueren. Bei Ebbe, starker Strömung oder ungünstigen Wetterbedingungen blieb die Fähre im Hafen – ein Unding angesichts des wachsenden Verkehrs, befand das Département und suchte nach einer Brücke, die die Seeschifffahrt, und besonders die Schiffe des Arsenals von Rochefort, nicht behinderte. 1897 wurde ein Entwurf von Ferdinand Arnodin ausgewählt. Im März 1898 begannen die Bauarbeiten. 27 Monate später wurden sie abgeschlossen. Am 29. Juli 1900 folgte die feierliche Einweihung. Bis 1967 transportierte der Pont Transbordeur bei jeder Fahrt neun Autos und 50 Fußgänger in seiner Kabine. Heute dürfen nur Fußgänger und Radfahrer hinein. Und sind dann mitten im Filmset eines Kinoklassikers. Im Sommer 1966 hatte die Fähre als Kulisse für die Eröffnungsszene von Jacques Demys Film „Les Demoiselles de Rochefort" gedient. Passend zum Film wollte Demys dazu die Stahlbrücke ganz und gar in Rosa anstreichen lassen. Doch Rochefort lehnte ab. Neun Tonnen Farbe für eine einzige Einstellung, das war dann doch zu teuer. Die schwebende Brückenreise indes ist bis heute ein äußerst günstiges Vergnügen.

● Pont Transbordeur, Avenue Jacques Demy, 17000 Rochefort, Tel. +33 (5 46) 83 30 86, Mai bis Oktober
Maison du Transbordeur: Rue de Martrou, 17620 Echillais, Tel. +33 (5 16) 84 37 28
● Bus B, F, Haltestelle Centre Commercial, dann 15 Minuten Fußweg

Kraft-Ort der Natur

13 Das Naturschutzgebiet IZADIA in Anglet

Weinberg, Baumharzhain, Rennbahn – und heute Naturschutzgebiet: Die Dünen von Anglet an der Silberküste Neu-Aquitaniens haben viele Nutzungen erlebt. Seit 2007 schützt der Ökopark IZADIA dort einen einzigartigen Lebensraum mit Strandkiefern, Erdbeerbäumen und zwei kleinen Dünenseen, an denen die Zugvögel im Frühjahr und Herbst rasten. Am südlichen Ufer der Adour-Mündung lädt er ein, fernab vom Trubel der Stadt und ihrer Strände, ganz in Ruhe die beeindruckende Vielfalt der Küstenfeuchtgebiete am Atlantik zu entdecken. 15 Hektar ist er groß und durchzogen von kleinen, sandigen Pfaden und Holzbohlenwegen. Sie führen durch dichtes Schilf, das in der Brise leise raschelt, bis zu einer Plattform, die weite Blicke über einen Küstensee eröffnet.

Ein Knopfdruck auf das Besucher-Tablet, und schon ist zu sehen, was sich in den Fluten tummelt: Strandkrabben, Meeräschen, Seenadeln und unzählige Aale. Insgesamt zehn solcher Stationen im Ökopark IZADIA gibt es, und jede eröffnet neue Einblicke in die Flora und Fauna der einzelnen Biotope und ihrer Beziehungen untereinander. Was auf den ersten Blick aussieht wie eine gewöhnliche Küste, entpuppt sich als komplexes Puzzle aus 15 naturnahen Lebensräumen mit Graudünen und Braundünen, Salzwiesen, Ufergebüschen, Kiefernwald und immer wieder Wasser, stehend und fließend, süß und salzig. Hinzu kommen Tümpel und Sümpfe. Sie können im Winter bis zu 5 Hektar und damit ein Drittel des Parks bedecken. Frösche quaken, Eisvögel rasten am Ufer. Rotfüchse schleichen nachts durchs Unterholz, und Mauereidechsen sonnen sich auf den Steinen. IZADIA, heute als Espace Naturel Sensible und Natura 2000-Gebiet klassifiziert, ist ein maritimer Garten Eden.

2020 wurde ein Drittel seines Waldes durch Brandstiftung zerstört. Seitdem ist die Bebauung ringsum zu sehen – und der Verkehrslärm zu hören. Doch die Natur erholt sich. Das kleine Paradies an der Küste ist stärker als menschliches Tun. Es zeigt die Kraft des Prinzips Hoffnung und die Macht der Natur. Faszinierend!

TIPP

Der nahe Marché de Quintaou von Anglet ist donnerstags und sonntags ein Schlaraffenland lokaler Genüsse.

● Naturschutzgebiet IZADIA, 297, Avenue de l'Adour, 64600 Anglet, Tel. +33 (5 59) 57 17 48; Februar/März, Mi.-So. 10-12.30 /14-17.30, April bis Anfang November, Di.-So. 10-12:30 /14-18 Uhr

Sightseeing ganz entspannt

14 Das BAT3 von Bordeaux

Die Schauseite zum Fluss: So wurde Bordeaux einst gebaut. Zur Garonne hin zeigten die Winzer einst ihren Reichtum, die Stadt Macht und Einfluss. Als Port de la Lune gehört Bordeaux zum Welterbe – und seine Innenstadt zu den größten klassizistischen Ensembles der Welt. Ganz entspannt lässt sich die Stadt beim Sightseeing per Schiff bewundern. Seit 2016 schippern Hybrid-Flusspendelboote in Form eines Katamarans die Garonne auf und ab. 45 Passagiere und 6 Fahrräder können auf jedem Törn mitreisen. Wann das nächste Schiff den Anleger erreicht, verraten digitale Anzeigetafeln. Die Fährverbindungen *(navettes fluviales)* auf der Garonne sind in das Netz von Transports de Bordeaux Métropole (TBM) integriert und herrlich günstig – besonders mit einem Tagesticket oder dem Bordeaux City Pass.

TIPP

Voller Herzblut zeigen die Einheimischen als Bordeaux Greeters Gästen ihre Stadt – kostenlos!

Die Minicruise mit dem BAT3 führt vorbei an den wichtigsten Sehenswürdigkeiten der Stadt, garniert mit frischer Brise und Ausblicken auf Orte und Stätten, die man sonst nicht entdecken würde. Los geht es im alten Fährhafen Lormont-Bas, wo schon im 17. Jahrhundert Fähren nach Bordeaux übersetzten und später die Werft Forges et chantier de la Garonne mit La France den einst weltgrößten Windjammer baute. Die Fähre legt ab, passiert die Garonne parallel zum Pont d'Aquitaine und stemmt sich gegen die Strömung. 10 Minuten später legt sie an der Cité du Vin an. Vom Weinerlebnismuseum (Glücksort 77) aus geht es weiter flussaufwärts. Grazil überspannt der Pont Jacques Chaban Delmas den Fluss und hebt auf Knopfdruck seine Fahrbahn für große Seeschiffe. In die alten Hafenschuppen sind trendige Boutiquen, Cafés und Bars gezogen: *voilà* der Hal les Hangars! Im Halbmondbogen der Garonne zeigt Bordeaux seine ganze Grandezza. Hinein geht es vom Halt Quinconces, Europas zweitgrößtem Stadtplatz. Nun noch hinüber nach Stalingrad, von Bord gegangen, und mit der nächsten Fähre *retour* nach Lormont-Bas. Oder unterwegs aussteigen und nach dem ersten Überblick ganz entspannt schlendern, schauen, schlemmen und shoppen.

● BAT3, www.infotbm.com, Haltestellen Lormont-Bas, Cité du Vin, Les Hangars, Quinconces, Stalingrad

Die heimelige Höhle

15 Die Grottes du Régulus in Meschers

Wie ein Aussichtsbalkon ragt Meschers-sur-Gironde über die Trichtermündung der Gironde. Weit schweift der Blick über den größten Ästuar Europas hinüber zum Médoc am Südufer, bleibt hängen am Tanz der Wolken, der hereinströmenden Flut, den Fischerbooten. Die Luft schmeckt nach Salz. Möwen gellen: Welch ein Panorama!
Am Fuße der Flussklippen erstrecken sich kleine, sandige Buchten wie die Conche des Cadets und intime, beliebte Badestrände wie Nonnes, Vergnes und Suzac. 25 Meter hoch ragen die Felswände auf. Sie bildeten einst den Meeresboden – denn der urzeitliche Ozean lag 200 Meter höher. Die verschiedenen Kalksteinschichten zeugen davon: fest an der Basis, weich und formbar an der Spitze. Wind und Wetter haben Hohlräume hineingewaschen.

TIPP
Crêperie, Hotel und Schaugrotte verbinden die Grottes du Matata in Meschers-sur-Gironde.

Einfach paradiesisch, müssen sich die Menschen vor Urzeiten gedacht haben. Denn sie bauten Leitern und Treppenwege und höhlten die ursprünglich natürlichen Höhlen von Meschers per Hand zu Höhlenwohnungen aus. Und genau dort, wo eine strahlend weiße Fischerhütte auf Stelzen im Flutsaum steht, kann man heute eine solche Troglodyten-Behausung besichtigen und eintauchen in die Lebenswelt von damals. 15 Höhlen und Terrassen reihen sich in Meschers-sur-Gironde auf 300 Metern aneinander. Zur Zeit der Religionskriege suchten Protestanten dort Zuflucht. Später versteckten sich Piraten und Wrackräuber. Ganz raffiniert ging ein gewisser „Cadet“ vor. Er befestigte zwischen den Hörnern eines Widders, der das Ufer entlanglief, eine Laterne. Das falsche Signallicht leitete die Schiffe direkt auf die Riffe, wo sie Schiffbruch erlitten. Richtige Wohnungen wurden die Grotten erst im 19. Jahrhundert. Und dies macht den Besuch der Schauhöhle Régulus so charmant. Die Zimmer und Szenerie gleichen einem Besuch bei Uroma: mit Blümchengeschirr, Familienfotos und Möbeln, die vertraut wirken. Ihren Namen verdanken sie dem Kriegsschiff Le Régulus, das sein Kapitän 1814 anzündete, damit es nicht in die Hände der Engländer fiel. Welch eine Grotte voller Geschichte(n)!

- Grottes du Régulus, 81, Boulevard de la Falaise, 17132 Meschers-sur-Gironde, Tel. +33 (5 46) 02 55 36
- ÖPNV: Bus 9, Haltestelle Boulevard des Falaises, 9 Minuten Fußweg

Sommer am Fuß

16 Die Espadrilles von Saint-Jean-Pied-de-Port

Sie kennt alle Muster, alle Farben und ist der erschwinglichste Schuh der Welt: die *espadrille* – Südwestfrankreichs lässiger Sommerschuh voller Chic und Ferienlaune. Picasso und Dalí, Humphrey Bogart, Serge Gainsbourg und Jane Birkin haben den Kultschuh getragen. Seit mehr als 1000 Jahren wird er im Baskenland und in den Pyrenäen gefertigt.

Mehr als 30 Jahre hat Albertine Arangoïs in ihrem Werkstattladen in Saint-Jean-Pied-de-Port unzählige *espadrilles* handgenäht, wie es ihre Mutter bereits in der Espadrilles-Fabrik von Mauléon getan hatte. 2000 Espadrilles Jahr für Jahr. Bunt, gestreift, uni. Größe 23 bis Größe 46. Inzwischen hat Albertines Tochter Patricia den mütterlichen Betrieb übernommen. Sie ist heute die letzte *espadrilles*-Näherin im Pilgerstädtchen und hält das traditionsreiche Handwerk am Leben. Denn was sonst in den Gassen ringsum verkauft wird, ist billige Fabrikware für einen Sommer. Handgenäht halten die Schlupfschuhe mehrere Jahre. Dafür sorgt die „norwegische Naht", die nach dem Kleben die Natursohle aus geknüpften Jutefasern und Gummi mit dem Oberstoff aus Leinen oder Baumwolle verbindet und auf Wunsch mit Zierstickerei geschmückt wird. Ist der Entwurf fertig gezeichnet, macht dies die Nähmaschine vollautomatisch. Die Spitze der *espadrilles* verstärkt Madame mit drei Fadenreihen, die erst zum Abschluss mit dem Stoff verbunden werden. So können sich die Zehen nicht durch den Stoff bohren. Schwupps, den Schuh angezogen – und auch an der Ferse den Stoff hochgezogen. Etwas eng sind die Schuhe. Und damit perfekt. Denn in den nächsten 2 bis 3 Stunden dehnt sich der Baumwollstoff und passt sich der Form des Fußes an. Ganz natürlich maßgeschneidert begleiten einen die *espadrilles* nun jeden Tag – im Sommer am nackten Fuß, im Winter mit Socke. Und für alle, die damit tanzen oder joggen möchten, näht Patricia noch Haltebänder an den Stoff. „Jetzt ist die *espadrille* ein Schuh für alle Lebenslagen", lacht sie. Und nicht nur die Füße freuen sich.

TIPP

Alljährlich am 15. August feiert Mauléon im Béarn seine Fête de l'Espadrille mit Volkslauf und Markt.

L'Espadrille de Litxu, 42, Rue d'Espagne, 64220 Saint-Jean-Pied-de-Port, Tel. +33 (6 26) 54 78 20, www.espadrilles-saintjeanpieddeport.com

Was für Wellen!

17 Die Surferhochburg Hossegor in den Landes

Les Culs Nuls. La Gravière. La Nord: Diese drei Spots bringen Surfer aus aller Welt zum Träumen. Und locken sie nach Hossegor an die französische Côte d'Argent. Die Unterwassertopologie mit Sandbänken und Riffs bescheren dem Sylt des Südwestens die besten Beachbreaks Europas! Sie lassen im Atlantik die Wellen der Biskaya zu meterhohen Brechern anwachsen. Oder, im Jargon der Surfer, die *swells* der Biskaya zu fetten, türkisfarbenen *barrels* auftürmen, garniert mit *Savoir-vivre,* Schnäppchen-Shopping und prickelndem Après-Surf. Sobald nach der sommerlichen Badesaison die ersten großen Wellen die Küste erreichen, läuten der Rip Curl Pro Ende August und der Quiksilver Pro France im September die Hochsaison ein – bei äußerst angenehmen Wassertemperaturen. Im Sommer können sie bis auf 25 Grad Celsius steigen. Im Winter sinken sie kaum unter 11 Grad. Hossegor ist so das ganze Jahr hindurch eine Hochburg für Wellenreiter aus aller Welt. Sie haben dafür gesorgt, dass es nicht wie andere Badeorte in den Winterschlaf verfällt, sondern 354 Tage lang pulsiert. Das Nachtleben gehört mit zum Besten im Südwesten; die Gastronomieszene ist so international wie sonst selten an der Côte d'Argent. Neben Dick's Sand Bar, Coolin und Rock Food, dem bekanntesten Surfer-Treff Europas, gibt es noch zahlreiche andere Bars an der Plage Centrale, dem Hauptstrand von Hossegor.

TIPP

Den besten tagesaktuellen Wetterbericht für Surfer mit Vorhersage liefert die Webseite www.yadusurf.com.

Jenseits der Dünen zeigt sich Hossegor gediegener. Im Kiefernwald zwischen Strand und See residiert der Geldadel in rot-weißen Villen im Landaiser Stil und cruised im Porsche Cabrio die Shoppingmeile Avenue du Touring Club entlang. Im Hinterland versteckt sich neben den Europazentralen von Ripcurl und Billabong in der Zone d'Activité Pédebert Europas größtes Shoppingparadies für Surfklamotten, Surfbretter, Wetsuits und Must-Haves von Surf-Marken wie Quiksilver, Roxy, Ripcurl, Rusty und vielen mehr. Und wer noch nie auf einem Board gestanden hat, bucht einen Blitzkurs im Surfshop und wagt auf der Lernwelle La Sud den ersten Ritt.

● Côte d'Argent, Office de Tourisme, 166, Avenue de la Gare, 40150 Soorts-Hossegor, Tel. +33 (5 58) 41 79 00

Bitte schön schaumig!

18 Chocolat Cazenave in Bayonne

Ganz luftig muss er sein, der Schaum, aufgeschlagen zu einem fluffigen Berg. Erst, wenn er droht, über den Tassenrand zu gleiten, ist er perfekt. Unter der hohen Haube verbirgt sich die Urform der Kakaozubereitung in Frankreich. Sein Siegeszug begann mit dem spanischen Entdecker, Hernán Cortés. Er brachte Karl V. nicht nur Kakaobohnen mit, sondern auch das Geheimnis ihrer köstlichen Zubereitung. Die bei ihm an Bord mitgereisten Juden hatten den Kakao versuchsweise mit Vanille, Zuckerrohr und Zimt gemischt und so einen Trunk erfunden, der flugs die spanische Aristokratie eroberte. 1492 mussten die iberischen Juden vor der Inquisition fliehen. In Bayonne ließen sie sich nieder – und machten die baskische Hauptstadt zur Schokohauptstadt. Tafelschokolade jedoch gab es damals nicht. Schokolade, das bedeutete: heiße Trinkschokolade.

TIPP
La Navette de Bayonne ist ein kostenloser E-Minibus, der außer sonntags im Stadtzentrum verkehrt.

Bei Cazenave, der 1854 seinen Laden im Herzen der Altstadt eröffnete, wird sie bis heute als *chocolat moelleux* im Salon de Thé serviert, einer charmant-altmodischen „guten Stube“ mit Oberlicht aus Buntglasfenstern, Stuck und Spiegeln. Ursprünglich befand sich hinter dem Laden hier die Schokowerkstatt. Doch der gute Ruf der Cazenave-Schokospezialitäten ließ das kleine Atelier aus allen Nähten platzen. Im 19. Jahrhundert zog die Fertigung an den Stadtrand. Dort werden nur Bohnen aus Peru, Ecuador und São Tomé verarbeitet, die aus biologischem Anbau stammen. Die einstige Werkstatt wandelte sich zum Teesalon. Mit blauer Schürze und strahlendem Lächeln werden dort Hunderte Tassen der berühmten Trinkschokolade serviert. Kanne und Tasse zieren nostalgische Blümchenmuster. Und der Opulenz nicht genug türmt sich neben der hoch aufgeschäumten Schokolade noch ein Sahneberg in einem Schüsselchen. Ein erster Schluck, und der herbsüße Geschmack der Schokolade paart sich mit den zarten Aromen von Zimt. Profis saugen leise die heiße Schoki und vermeiden so den kleinen Bart aus Schaum, den jeder Schluck hinterlässt. Einfach himmlisch, der Trank der Götter!

● Chocolat Cazenave, 19, Rue Port Neuf, 64100 Bayonne, Tel. +33 (5 59) 59 03 16
www.chocolats-bayonne-cazenave.fr

Sommerträume in Backstein

19 Soulac-sur-Mer: die Stadt der 500 Villen

Im Norden des Médoc Atlantique, wo der Sand seit Jahrtausenden die Küste und ihre Orte verändert, stieg das alte Pilgerziel Soulac ab 1860 zum beliebten Badeort der Belle Époque auf. Aus dieser Zeit hat das Städtchen westlich der Basilika unzählige Backsteinbauten bewahrt – ein nostalgischer Traum! „Stadt der 500 Villen" nennt sich stolz der alte Ortskern von Soulac, das eine turbulente Geschichte erlebt hat: als römische Küstenstadt, englischer Flusshafen, religiöses Heiligtum und Etappenort auf dem Jakobsweg, dessen Basilika Notre-Dame-de-la-Fin-des-Terres heute zum Weltkulturerbe gehört.

Gegenüber beginnt an den Zwillingsvillen Neptun und Amphitrite mit Giebeltürmen, die Jakobsmuscheln der Pilger zieren, eine nostalgische Zeitreise zu Fuß. Zwischen 1860 und 1885 wurden die Villen zunächst noch verstreut, direkt am Meer oder in der Strandstraße errichtet: Marcellus, Flore, Brise du Soir, Aimée und Sapho erzählen davon. Von 1885 bis 1914 wurden die Villen nach Straßen gruppiert. Meist waren nun die Sommerhäuser in ihren Proportionen bescheidener, aber überreich in ihrer Dekoration: Eine geradezu überbordende Fantasie bezeugen die Fassaden! Türmchen, Erker und Vorbauten machten jedes Haus zum Unikum. Heller Kalkstein erhöhte edel den profanen Backstein. Preiswerter war Farbe: Weiß für Fenster und Giebel, Rot, Braun, Beige, Grün, Gelb, Grau und Blau für leuchtende Akzente. Wer es sich leisten konnte, bestellte keine Holzschnitzereien, sondern ließ seine Verzierungen aus Metall schmieden. Jedes Haus erzählt Geschichten. Zwischen 1914 und 1930 waren es nicht mehr die Sommergäste, sondern vor allem örtliche Unternehmer, die in Soulac ihre Villen errichten. Besonders rund um die Rue Barriquand herum finden sich ihre Stadtpaläste mit klingenden Namen wie Colette, Ginevra, Brin de Mousse oder Morphée. Nicht alles war nun mehr altes Handwerk: Verbaut wurden erstmals auch Bauteile aus industrieller Produktion. Wie die Wellen des Atlantiks wandelten sich auch die Moden der Villen.

TIPP

Die gebürtige Hamburgerin Katja Thomsen lebt in Soulac und bietet dort Yoga-Urlaub am Meer an.

● Soulac-sur-Mer, Office de Tourisme: 68, Rue de la Plage, Tel. +33 (5 56) 09 86 61
Stadtspaziergang auf den Spuren der Villas Soulacaises:
www.mairie-soulac.fr/wp-content/uploads/2019/02/Topoguide-Villas-Soulacaises-2018.pdf

VILLA
MARCELLUS

Amazonas liebt Sahara

20

Der Courant d'Huchet der Silberküste

Im Winter angeln Männer in Daunenjacken nach Aal. Im Sommer staken sie in schmalen, schwarzen Kähnen, *galupe* genannt, Urlauber durch ein grünes Dickicht. Der Courant d'Huchet ist der kleine Amazonas des Département Landes – und der letzte Küstenfluss der Silberküste, der noch wild und frei fließen darf. Er beginnt an den Seegraswiesen und schwimmenden Sümpfen im Westen des Sees von Léon. Stock- und Schnatterenten gleiten über die Wasseroberfläche, die Fischadler bejagen. Dicht am Ufer laicht ein Hecht, und Neunaugen huschen umher.

Und genau hier, vor dem Infozentrum zum Courant d'Huchet, starten herrlich wilde Törns mit den *bateliers,* die als Einzige im Naturschutzgebiet per Boot unterwegs sein dürfen. Drei Bäche speisen den 3,4 Quadratkilometer großen See. Sie vereinen sich bei der einstigen Fischerei La Nasse zum 9 Kilometer langen Courant d'Huchet. Hinter einem Wehr, das den Wasserabfluss aus dem See regelt, taucht die Barke ein in eine Welt, die noch so erhalten ist, wie sie die Natur erschaffen hat. Weiden und Erlen säumen die Ufer. Kahle Zypressen und Korkeichen prägen den Galeriewald, in dem 256 Vogelarten und Fledermäuse heimisch sind. Königskerzen recken sich gelb im amphibischen Urwald, rosa leuchtet der Sumpfeibisch. Nur wenige Meter entfernt taucht plötzlich ein Fischotter auf und verschwindet sofort wieder in den Fluten, über denen Libellen grazil tanzen. Jede Sekunde ist ein Wunder. Mit jedem Meter wird der Ruf des Ozeans lauter. Hinter der Pichelèbe-Brücke, an der Wanderwege in die Wildnis des Courant d'Huchet beginnen, öffnet sich der Wald zum Sumpf, in dem es zwischen Wasserklee und Schwertlilien überall gluckert. Dann stellt sich dem Fluss eine hohe Düne in den Weg und zwingt ihn, nach Süden abzubiegen. Vorbei an gelb blühendem Leinkraut und Gräsern, die der steifen Brise trotzen, durchquert er als blaues Band nun eine Mini-Sahara am Meer, ehe er sich in den Ozean stürzt. Welch ein magischer Ort, zeitlos, intim und grandios zugleich!

TIPP

Gleich neben dem Infozentrum am Étang de Léon erstreckt sich ein kleiner Badestrand mit Duschen und WC.

● Courant d'Huchet, 374, Rue des Berges du Lac, 40550 Léon, Tel. +33 (5 58) 48 73 91

Gefaltete Felsen

21 Die Corniche Basque im Baskenland

Südlich von Ciboure säumt die D 912 als Corniche Basque die baskische Küste bis nach Hendaye. Die 1 Kilometer lange Küstenstrecke, die sich am schönsten beim Wandern auf dem Sentier du Littoral entdecken lässt, präsentiert ein geologisches Unikum: Flysch. Nur hier liegt er offen zutage: begradigt, gefaltet, gebrochen. Schuld daran ist der Zusammenprall von zwei Kontinentalplatten. Jene waren vor rund 100 Millionen Jahren entstanden, als sich eine tiefe Furche zwischen der iberischen und der europäischen Platte gebildet hatte. Sie löste nur unterirdische Lawinen aus – und sorgte dafür, dass sich Sedimente ablagerten: Flysch – komponiert aus brüchigem Mergel zwischen zwei härteren Schichten Sandstein. 5 Kilometer dick war er, als die Kontinentalplatten sich weiterschoben, zusammenknallten und den Flysch zur Corniche Basque aufschoben.

Unter dem hohen Druck falteten sich landein die Pyrenäen. 45 Meter hoch säumen die atemberaubenden Klippen seitdem die Küste – und eröffnen endlose Blicke über den weiten Ozean. Bei bestimmten Wetterbedingungen lässt sich auf dem Meer eine echte Monsterwelle beobachten: die *belharra*. Bis zu 20 Meter hoch rollt die Riesenwelle auf die Küste zu – ein faszinierendes Naturschauspiel! Nur Profis dürfen sie surfen. Doch damit hat die Corniche Basque noch nicht alles gezeigt, was beim Wandern für Hochgefühle sorgt. Mitunter muss man sich bücken und genauer hinsehen. Mehr als 800 verschiedene Pflanzen begleiten den Weg: bekannte Arten wie die Blaue Wegwarte, Heidekraut, Ginster, Tamariske, Lorbeer oder auch die Sarsaparille, die Lieblingspflanze der Schlümpfe. Hautnah lässt sich im Naturschutzgebiet auch baskisches Leben und Natur entdecken – mit Kuh- und Schafzucht, Pferden und Fischern, die von September bis November von den Felsen aus Rotalgen mit einer Metallwinde sammeln. Denn hinab geht es nur am Crique du Viviers, einem schmalen Kieselstrand, ein wildes Paradies zwischen Flysch und Ozean.

TIPP

Elefanten, Raubtiere und Sterngucker schmücken das Château-Observatoire Abbadi an der Corniche Basque.

● Corniche Basque, zwischen Ciboure und Hendaye

Einfach paradiesisch!

22 Der Phare de la Coubre von La Tremblade

Der Phare de la Coubre bei la Palmyre gehört zu den fünf höchsten Leuchttürmen Frankreichs, mit 64 Metern Spitzenreiter im Département Charente-Maritime – und ein Bau, der ungeheuer berührend und hautnah vom ewigen Kampf des Menschen mit dem Meer erzählt. Seit vier Jahrhunderten leiten Leuchtfeuer an der Pointe de la Coubre Seeleute sicher in die Mündung der Gironde. Bereits 1690 gab es dort ein erstes Leuchtfeuer. Doch erst mit der Industrialisierung begann die gezielte Sicherung dieser Küste, die ständig ihr Gesicht verändert. Damals wichen die einst hölzernen Türme blinkenden Riesen aus Stein, und auch die Pointe de la Coubre erhielt ab 1897 einen solchen Leuchtturm. Zehn Jahre später brachte die Küstenerosion das 57 Meter hohe Signalfeuer zum Einsturz. Mit Wellenbrechern geschützt und nun in Beton auf den Sand gestellt, entstand 1905 in 3 Kilometern Entfernung zum Meer Turm Nummer drei.

TIPP
Sonnenkönig Ludwig XIV. setzte den Phare de Cardouan in die Gironde-Mündung: Welterbe!

Heute ist der Flutsaum bis auf wenige Hundert Meter herangerückt an die rot-weiße Spitze, die 52 Kilometer weit leuchtet. Bis heute zeugt sein Dekor vom Stolz auf diese Meisterleistung. Ein geschnitzter Stern ziert seine schwere Holztür. Drinnen schmücken Tausende Opalglaskacheln die Wände der Wendeltreppe, die sich mit 300 Stufen aus Gusseisen hinauf zur Aussichtsplattform windet. 62 Sekunden brauchte der schnellste Athlet beim Treppenlauf Extreme 300 dort hinauf! Eine kurze, steile Holztreppe, den Kopf durch die Luke, und ein 360 Grad-Panorama eröffnet sich. Gen Norden erstreckt sich die Côte Sauvage der Arvert-Halbinsel mit ihren langen Dünenstränden und gefährlichen Baïnes-Strömungen, die sich vor dem Ende der Flut oder Ebbe bilden. Gen Süden ist die Bucht von Bonne Anse in ständiger Bewegung. Das Hinterland bedeckt der Wald von la Coubre mit Strandkiefern und Steineichen. Zistrosen leuchten im Unterholz. Strandhafer und Sandsegge klammern sich an den Dünensand. Was für paradiesische Ausblicke!

- Lieu dit La Coubre, 17390 La Tremblade, Tel. +33 (5 46) 06 26 42, Februar bis November
- Bus 5, 104, Haltestelle Les Mathes, ab dort per Rad, zu Fuß oder Mitfahrgelegenheit (9,1 km)

Echte Hochgefühle

23

Die Route des Cols in den Pyrenäen

Immer wieder auf und ab: die Route des Cols ist die Traumstraße im tiefen Süden Frankreichs. Hinter der Panoramastrecke durch die Pyrenäen steckt Napoleon III. Der französische Kaiser wollte das Thermalwesen und den Tourismus in den Kurorten der Pyrenäen neu beleben – zumal seine Ehefrau Eugénie regelmäßig in Eaux-Bonnes kurte. 1859 wurde die Badestraße der Berge eingeweiht. Die 911 Kilometer lange Strecke führt über 34 Pässe und durch alle sechs Départements der französischen Pyrenäen.

Der spektakulärste Abschnitt der Route des Cols beginnt im Béarn im Städtchen Laruns am Talabschluss des malerischen Val d'Ossau. Über hohe Pässe mit grandioser Fernsicht geht es durch eine spektakulär wilde, ursprüngliche Bergwelt. Frei und ungebunden ziehen Schafherden über die Sommerweiden. Alte Dörfer mit Steinhäusern und Schieferdächern klammern sich an die Hänge. Von Laruns aus klettert die D 918 am Mini-Kurbad Eaux-Bonnes und Gourette, der Skischaukel des Béarn im Schatten des Pic du Midi d'Ossau, in vielen Kurven hinauf zum Col d'Aubisque (1739 m). 2613 Meter hoch ragt der Pic de Ger im Süden der Passhöhe auf. Weiß, Gelb und Grün erheben sich drei riesige Rennräder als Skulpturen in den wolkenlosen Himmel. 49-mal schon war der Pass Bühne der Tour de France. Tagtäglich quälen sich zwischen Mai und Oktober Freizeitsportler dort hinauf – und werden von goldbraunen Kaltblütern begrüßt, die neugierig auf dem Parkplatz vor dem Berglokal jeden Besucher beschnuppern. 10 Kilometer weiter beginnt am Col du Soulor (1474 m) bereits die Region Okzitanien. Doch diese letzten Kilometer haben es in sich. Schmal wird die Fahrbahn, klemmt sich an steile Hänge und wird wieder zu jener abenteuerlichen Passstraße, die sie einst vor ihrem Ausbau war.

Für Wohnmobile und Busse ist die Strecke nicht geeignet. Doch im Pkw, auf dem Rad oder mit dem Motorrad ist sie einzigartig. Und neben Nervenkitzel bietet sie Landschaften, die trunken machen: ein echtes Bergabenteuer!

TIPP

Die GR 10 ist die Paraderoute der Wanderer und führt von Hendaye aus durch die Pyrenäen.

● Route des Cols, zwischen Hendaye und dem Col du Soulor – und weiter bis Banyuls am Mittelmeer

Schlaraffenland open-air

24 Die Märkte von Libourne

Karotten in Lila, Gelb und Orange, Artischocken von mini bis riesig, Tomaten in allen Farben und Formen. Die Vielfalt ist schier unglaublich. Und dann diese Düfte! Zart wie die Blüten an den Ständen der Blumen- und Lavendelhändler, knusprig wie die Gockel des Hähnchengrills, würzig wie die Bauernwürste des Schlachters, der Kostproben in die Menschenmenge reicht: Der Markt von Libourne ist das ganze Jahr hindurch ein verführerisches Schlaraffenland – und das nicht nur draußen, sondern auch drinnen. Dienstags, freitags und sonntags erobern seine Stände von 8 bis 12:30 Uhr die Place Abel Surchamp vor dem Rathaus und die angrenzenden Straßen. Frisches Obst und Gemüse in Hülle und Fülle, lokale Spezialitäten, Fleisch, Fisch und Wein, aber auch Kleidung, Kinderspielzeug und Haushaltswaren bieten seine Stände. Köstlich ist auch das berühmte Naschwerk der Stadt: die Bouchons de Vigneron – zart schmelzende Knusperkeksröllchen mit Haselnuss. Konditormeister Jean Lopez stellt sie ganz handwerklich her.

Doch ein Marktbesuch in Frankreich ist mehr als ein schnöder Einkauf: ein geselliges Ereignis, das mit Hingabe zelebriert wird. Da wird gefachsimpelt und gekostet, mit Nachbarn und Bekannten getratscht, mit Freunden oder der Familie ein Getränk auf der Caféterrasse genossen und weiter gestöbert, gebummelt, geschaut und gekauft. Ein ganzer Vormittag vergeht so im Flug! An den großen Freiluftmarkt grenzt die Markthalle, die bereits um 6 Uhr früh öffnet. Nur am Montag und Mittwoch bleiben die Stände der 16 Lebensmittelhändler geschlossen. Frisch renoviert ist die Halle de Libourne mit ihrem neuen Glasdach und neuem Dekor der Hingucker an der Rue Montesquieu und verlängert das Markttreiben, wenn im Freien bereits der Abbau der Stände begonnen hat. Das Schauen, Gucken und Kaufen endet dort erst eine Stunde später um 13:30 Uhr. Und so trifft sich das Volk gerne mit den Händlern des Freiluftmarktes an der Bar Pompette auf einen Plausch und ein erstes Glas Wein. Welch *Savoir-vivre*, hautnah zu erleben!

TIPP

Der Fernsehsender TF1 lässt die Franzosen seit 2018 jedes Jahr den schönsten Markt Frankreichs küren.

● Markthalle, 1, Rue Montesquieu, 33500 Libourne
Freiluftmarkt, rund um die Place Abel Surchamp, 33500 Libourne
● ÖPNV: TER, TGV, Haltestelle Bahnhof Libourne, dann 900 Meter Fußweg

81 81 48 31
La P'tite Roulotte
C'est fini !
On vide les stocks

Im Austern-Paradies

25 Die Cité de l'Huître von Marennes

Delikat oder eklig? Austern scheiden die Geister. Doch der Besuch der Cité de l'Hûitre ist keine Geschmacksfrage. Sondern eine unglaublich spannende Reise auf den Spuren eines Krustentiers, das im Laufe seines Lebens sein Geschlecht wechselt – und seit Jahrhunderten einen ganzen Landstrich prägt. Im Herzen des größten Austernzuchtgebietes Europas lädt das Erlebnismuseum ein, multimedial und ganz aktiv in die Welt der edlen Schalentiere, ihrer Zucht, ihrer Menschen und ihrer Geschichte einzutauchen. 1, 2 Stunden planen die meisten für ihren Besuch ein – und verbringen dann doch fast den ganzen Tag dort, so spannend und abwechslungsreich ist die Cité de l'Huître!

Die Begegnung mit den Austern weckt alle Sinne, überrascht – und begeistert auch jene, die eher zögerlich die Cité de l'Huître betreten. Vom Meer auf den Teller laden die Themenhütten dazu ein, dem Lebenslauf der Meeresfrucht zu folgen. Dann ist es Zeit für die große Show auf einer Panorama-Leinwand: Ein Film zeigt die Heimat der Fines de Claires aus völlig neuen Blickwinkeln: vom Land, vom Meer und aus der Luft. Sie gilt als Königin der Austern – und die landen hier topfrisch auf dem Teller. Doch nun hinaus in jenes weite, platte Land, das sich mit seinen Sümpfen, Austernbecken und Kanälen bis an den Horizont erstreckt. 30 Quadratkilometer groß ist die Heimat der Marennes-Auster. Mitten hindurch führt der 4 Kilometer lange Chemin des Claires. Mit der Eintrittskarte gibt es kostenlos ein Leihfahrrad! Nach der Runde im Marais geht's weiter zur Cabane des Claires, einer echten, arbeitenden Austernhütte. Mit schnellen Handgriffen sortieren dort von früh bis spät Frauen die guten, fest geschlossenen Austern von all jenen, die schon geöffnet sind. Hin und wieder wird auch hier die Qualität getestet. Das kurze, breite Messer in die seitliche Mitte gesetzt, ein kräftiger Dreh, dann den Muskel gelöst und den Mund geöffnet: *Miam!* Die ganze Frische des Meeres mit all seinen Aromen, vereint in einer Auster. *Magnifique!*

TIPP

Das Lichterspiel des Marais hat Emmanuelle Prisetti inspiriert. In Marennes zeigt sie ihre Werke.

- Chenal de la Cayenne, Rue de Martyrs, 17320 Marennes, Tel. +33 (5 46) 36 78 98
- ÖPNV: Im Juli/August Shuttlezug Le Petit Train vom Großparkplatz der Cité de l'Huître zu den Standorten.

Lass es blühen!

26 Die Rue des Fleurs von Bourg-Charente

In Bourg-Charente liegt Orangenduft in der Luft. Seit 2012 stellt Grand Marnier dort seinen berühmten Likör aus Bitterorangen und Cognac her. Ein Labyrinth aus Landstraßen klettert vom Ufer der Charente die Hügel empor, hin zu den Weinfeldern der Petite Champagne und der Fins Bois. Bis an den Horizont ist der rote, lehmige Boden mit Ugni Blanc bestellt, der Rebe für den französischen Cognac. Mauern verstellen vielerorts den Blick auf die Felder, und Tore schützen die wertvollen Trauben.

Und genau hier, einen Steinwurf von der modernen Kellerei der Campari-Gruppe, zu der Grand Marnier heute gehört, hängt auf einer solchen Feldsteinmauer ein verwittertes Schild mit dem Hinweis „Village fleuri 2009". Die Auszeichnung als Blumendorf hätte das Dorf heute noch viel mehr als damals verdient. Denn jetzt ist die Natur wirklich die Königin der Rue des Fleurs, der „Blumenstraße". Auf jedem kleinsten Erdkorn grünt und blüht es! Schwertlilien mit gelben, blauen oder mehrfarbigen Blütenblättern leuchten vor den Feldsteinmauern, Rosen in knalligem Rot und Gelb ranken an Häuserwänden. Blauregen umrahmt Fenster und Türen und berauscht mit seinen Aromen schwerer Süße. Stiefmütterchen, Phlox, Mohn und Margeriten haben die Gärten erobert. Schmetterlinge tanzen von Blüte zu Blüte, die Luft ist trunken vom sommerlichen Duft. Bruchsteinhäuschen mit Tonziegeln und verwitterten Holztüren verleihen den Gärten eine romantisch-nostalgische Aura. Eine rostige Schubkarre lehnt an einer Mauer. Himbeeren mit prallen, roten Früchten klettern ein Gestell hoch; Wein rankt wild über Mauerkanten und Hausfassaden. Wenig weiter biegt sich ein Apfelbaum unter seiner süßen Last. Jeder Anblick der Rue des Fleurs scheint einem Gemälde entsprungen, gemalt von Monet, Renoir, Matisse. Einige Häuser der Rue des Fleurs wirken verwaist und sich selbst überlassen. Dort hat die Natur noch mehr Terrain zurückerobert, klettert Efeu über Wände und Bögen. Was für ein verwunschener Ort!

TIPP

La Maison du Passeur ist Post, Krämer, Bäcker zugleich – und Bistro mit ehrlicher Landküche.

Rue des Fleurs, 16200 Bourg-Charente

Die Zeit hat Urlaub

27 Der Étang de Cazaux-Sanguinet

Bis ans Wasser stehen die Pinien am Étang de Cazaux-Sanguinet, dem nördlichsten der drei Küstenseen von Biscarosse. Vor rund 4000 Jahren stauten die Dünen der Silberküste dort den Küstenfluss Gorgue auf und schufen einen fast dreieckigen See, den rundherum kleine, feinsandige Strände säumen. 55,6 Quadratkilometer ist er groß, und damit nur unwesentlich kleiner als der Lac d'Hourtin et de Carcans, der größte Küstensee von Nouvelle-Aquitaine. Gemeinsam jedoch bilden die drei Süßwasserseen von Biscarosse mit dem Étang de Cazaux-Sanguinet im Norden, dem kleinen Angelsee Le Petit Lac in der Mitte und dem Lac Biscarrose-Parentis im Süden, auf dessen Wasserfläche in den 1930er-Jahren die Kufenflieger von Latécoère abhoben, die größte inländische Wasserfläche der Großregion.

Maximal 12 Meter ist der Étang de Cazaux-Sanguinet tief – und trotz der vielen Campingplätze an seinen Ufern immer noch eine charmant beschauliche Oase der Ruhe inmitten der Natur und weit entfernt von Hektik und Stress. Unter den Fluten versanken damals das römische Örtchen Losa sowie die Dörfer Estey du Large und Put Blanc. Taucher bargen ihr altes Kulturerbe, das heute während der Saison stolz ein kleines Museum an der Place de la Mairie in Sanguinet zeigt. Doch das ist auch der einzige Sightseeing-Punkt, den man nicht verpassen sollte.

Denn statt Stress, Hektik und Programm gibt es nur diese Frage am See: Worauf habe ich jetzt Lust? Spazierengehen auf schattigen Uferwegen? Eine große Radelrunde einmal rund den See? Einen Blitzkurs im Stand-Up-Paddling machen und mit dem Board stehend zur Seemitte paddeln? Die Segel setzen oder lässig auf der Luftmatratze über den See kraulen? Sonnenbaden, planschen, im badewarmen Wasser schwimmen? Schnorcheln? Angeln? Am Ufer Strandburgen bauen? Oder nur träumerisch den Wolken am Himmel zuschauen und den Duft der Strandkiefern einatmen? Sanft umhüllt der See die Sinne, entspannt. Die Zeit hat Urlaub.

TIPP
145 Kilometer markierte Radwege verbinden Bicarrosse mit sehenswerten Zielen im Umland.

● Lac de Bicarosse, 40600 Biscarrosse

Jede Speise ein Genuss

28 Restaurant Le Sens 7367 in Vaux-sur-Mer

In Annecy hatten sie den See vor der Haustür und die Gipfel der Alpen im Rücken. Doch Coralie und Frédéric Loivel zog es wieder zurück ans Meer, stammte Fréderic doch aus dem Département Manche der Normandie. Fündig wurden sie an der Côte de Beauté, wo sie das traditionsreiche Dreisternehaus Le Bel'M in das Hôtel de Charme Le Sens verwandelten – und das Restaurant 7367 zum stylischen In-Treff für kulinarische Entdecker, passionierte Feinschmecker und alle, die eine frische, junge Note in einer tradierten französischen Küche suchen. Das gelingt Küchenchef Frédéric Loivel stets aufs Neue. Seine Küche interpretiert die großen Klassiker der Gastronomie kreativ neu, lässt sie mit Einflüssen aus Fernost flirten und sorgt für kulinarische Überraschungen und köstliche Aha-Momente. Monsieur und Madame wollen die Sinne der Gäste wecken. Nicht nur kulinarisch, sondern ganzheitlich. Dazu gehört für beide bereits das Ambiente. Beide lieben modernes Design, das ein wenig *edgy* ist, aber doch urgemütlich. Wer das Restaurant betritt, wird nicht an den Tisch geführt, sondern zunächst in die kleine Lobby mit Blick auf die Straße für den Aperitif. Dort wird beim Apéro entspannt die Karte studiert und bestellt. Erst, wenn die Speisen servierfertig sind, führt der Kellner an den Tisch. Und wie freundlich und zuvorkommend hier alle sind! Von der Dame, die die Garderobe in Empfang nimmt, bis zur Chef-de-Salle und dem Sommelier ist ihnen die Freude an ihrer Arbeit anzumerken: Gastfreundschaft, warmherzig und professionell distanziert zugleich. Was aus der Küche kommt, interpretiert mit einem Augenzwingern die Herkunft der Produkte: Drei Kügelchen Rillettes vom Fisch ruhen auf einem gebackenen Minifisch samt Gräten, das Apfelsorbet zum Dessert kommt als quietschgrüner Apfel mit Schoko-Stengel daher. Jedes Gericht ist ein kleines Kunstwerk, elegant drapiert, mit Soße umschäumt, eine gekonnte Balance aus Farben und Formen, Aromen, Düften und Texturen. Köstlich!

TIPP

Ein Fischer verkaufte seine Seele an den Teufel. Jener rettete ihn in Vaux mit dem Pont du Diable – ein Naturjuwel!

Le Sens 7367, 141, Boulevard de la Côte de Beauté, 17640 Vaux-sur-Mer, Tel. +33 (5 46) 85 83 49, Di., Mi. geschl., www.le-sens-7367.com

Die tierisch kuh-le Pause

29

L'Écluse 50 am Garonne-Seitenkanal in Bassanne

Kühe. Kunterbunte, gemalt auf Acryl, aufgehängt in der Écluse 50 von Bassanne. *Écluse* heißt auf Französisch Schleuse, und auch am Canal Latéral à la Garonne wurden sie durchnummeriert. 3,30 Meter beträgt der Höhenunterschied, den Hausbootkapitäne hier im Weinland von Entre-deux-Mers bei der Passage durch die einzige Schleusenkammer überwinden. Binnenschiffe sind selten. Im Jahr 1856, und damit rund 200 Jahre nach dem Canal du Midi, wurde der Garonne-Seitenkanal eingeweiht. Der langersehnte Canal des Deux Mers als kürzeste Verbindung von Atlantik und Mittelmeer war vollendet. Und doch war die königliche Wasserstraße damals von der Zeit bereits längst überholt. Beide Kanäle betrieb die Eisenbahngesellschaft Compagnie des chemins de fer du Midi. Bereits zwei Jahre später – 1858 – hievte sie den gesamten Warenverkehr auf die Schiene.

Das freut die Radfahrer. Unter schattigen Platanen können sie auf alten Treidelpfaden abseits vom Verkehr 270 Kilometer lang dem blauen Band des Südens folgen. Unterwegs kommen sie unweigerlich bei Caroline Benyahia und Christian Schueller in Bassanne vorbei. Das Paar hat dort das ehemalige Schleusenhäuschen in ein charmant verrücktes Lokal verwandelt – mit Retro- und Recycling-Objekten, französischem und US-Flair, viel Herzblut und noch mehr Fantasie. Auf der Karte stehen kleine Gerichte und Getränke, für Pausenspaß sorgen Bücher und Brettspiele, Malstifte und Zeitschriften. Wer mit dem Zelt unterwegs ist, kann seine Unterkunft auf der grünen Wiese aufschlagen. Gegenüber vom Lokal bieten Le Petit Gîte de l'Écluse neun Betten in zwei Schlafsälen. Das Erdgeschoss ist mit Esszimmer und Küchenzeile samt Gasherd und Kühlschrank bestens für Selbstversorger ausgestattet. Im Untergeschoss können Fahrräder sicher abgestellt werden. Wichtig ist für Caro und Christian die Inklusion. Seit 2021 kann man daher bei ihnen den „Schultz" ausleihen, ein dreirädriges Liegetandem für Menschen mit Handicap. Eine berührende, herzerfrischend andere Pause am Kanal!

TIPP

Gediegener ist die Écluse 52 von Castets-en-Dorthe, Schlemmertreff betuchter Hausbootkapitäne.

● L'Écluse 50, Canal latéral à la Garonne, 33190 Bassanne, Tel. +33 (5 24) 25 10 16

Ganz im Fluss

30 Sightseeing per Paddel in Niort

14 Quellen soll sie haben, und in vielen Schleifen fließt sie behäbig durch drei Départements, ehe sie sich in der Baie d'Aiguillon in den Atlantik ergießt: die 158 Kilometer lange Sèvre Niortaise. Ihre Namensgeberin ist die größte Stadt, die sie durchfließt: Niort. Hohe Kaimauern lassen dort erahnen, wie stark ihre Wasser im Winter steigen können. Im Sommer indes verwandeln sich ihre Ufer beim Port Boinot in die Niort Plage, und Kajaks und Kanus in knallbunten Farben liegen auf dem Anleger des Stadtstrands.

Wer Niort nicht auf eigene Faust von der Wasserseite aus entdecken möchte, kann an geführten Touren teilnehmen. Besonders schön ist eine solche Flussfahrt am frühen Abend. Mit wenigen Paddelschlägen sind die Ponts-Main erreicht, die mit der Belle-Île im Herzen jeweils einen Arm der Sèvre Niortaise überspannen. Jenseits der Brücke spiegelt sich die Stadtkirche Église Saint-André in den dunklen Fluten. Auf Höhe der Präfektur teilt sich der Fluss in drei Arme und umfließt mehrere Inseln. Ganz links außen geht's hinein. Bis ans Ufer reichen die Gärten der Stadtvillen. Dann klettern Stufen die Kaimauer hinauf zu einem winzigen Park mit einem akkurat geschnittenen Laubengang und lauschigem Pavillon, Bänken und blauer Brücke. Jede Biegung eröffnet neue Ausblicke auf die Hauptstadt des Département Deux-Sèvres. Am Wehr wird ausgestiegen und das Kajak hochgetragen. Dahinter haben gelb leuchtende Seerosen den Seitenarm der Sèvre Niortaise erobert, und hohe Stadthäuser stehen mit ihrem Sockel im Wasser. Eintauchen, durchziehen, schauen, unter Brücken hindurch, einen Seitenarm entlang, um eine Flussinsel herum und dann die Niort zur Stadtseite auf dem Hauptarm passieren. Jetzt schiebt die Strömung das Boot vorwärts. Ohne einen Paddelschlag ziehen die Markthalle und das Stadtmuseum im Donjon vorbei. Zurück zum Anleger stellt sich erneut ein Wehr in den Weg. Doch diesmal wird nicht ausgestiegen. Auf seiner kleinen Wasserrutsche saust das Kajak die Staustufe hinab. Ein Heidenspaß!

TIPP

Auf altem Industriegelände sorgt der Kultur- und Aktivpark Port Boinot für Spiel, Sport und Spaß.

● Canoë Kayak Niortais, Rue de la Chamoiserie, 79000 Niort, Tel. +33 (7 81) 16 23 39

Höchstes Dünenglück

31

Die Dune du Pilat am Bassin d'Arcachon

Jeden Winter darf sie wandern. Getrieben vom Westwind rückt sie jedes Jahr bis zu 5 Meter in Richtung des großen Küstenwaldes vor. Jedes Frühjahr jedoch wird ihr bis zum Herbst die Treppe angelegt: Die Düne von Pilat ist ein Grand Site de France – und mit zwei Millionen Besuchern jährlich ein Besuchermagnet am Atlantik. Trotz des sommerlichen Trubels hat Europas höchster Sandberg nichts an Ausstrahlung verloren und begeistert jeden, der ihn besucht. 103 Meter hoch ragt die berühmte Düne südlich des Bassin d'Arcachon in den Himmel. Vom windzerzausten Kamm der 500 Meter breiten Düne schweift der Blick über eine noch sehr ursprünglich wirkende Welt, in der der Mensch nur wenige Seh-Zeichen hinterlassen hat: gen Norden das Becken von Arcachon mit seinen Austerntischen, der Leuchtturm von Cap Ferret und die Sandbank von Arguin mit ihrem Wasser, das von klarer Jade bis zu sattem Ultramarin schillert, gen Osten und Süden die tiefgrünen Pinienwälder der Forêt des Landes.

Mit Bobs, Plastiktüten, Bodyboards und Autoreifen steigt der Nachwuchs die Dünentreppe hinauf, nimmt Anlauf und saust zu Tal. Hier und da wagen sich auch Ältere auf die gigantische Riesenrutsche, die auch als Kullerbahn enormen Spaß bringen. Kopf auf die Brust, Schwung genommen, losgerollt! Den Sand aus der Kleidung geschüttelt, hinauf gestapft, und jetzt einmal seitlich gerollt! Andere setzen sich auf den Dünenrand, packen das Picknick aus und lassen den Blick träumerisch gleiten. Besonders schön ist dies bei Sonnenuntergang. Dann ist die Dune du Pilat, mitunter auch Dune du Pyla genannt, ein geradezu magischer Ort. Paraglider steigen in der Thermik still auf, ziehen weite Schleifen und genießen aus der Vogelperspektive die Blicke über die 3 Kilometer lange Düne. Das Licht der tiefstehenden Sonne gießt die Düne in leuchtendes Gold, und Silberlichter funkeln auf dem Meer. Pure Romantik, die zum Träumen und Endlosschauen verführt!

TIPP

Die 2200 Hektar große Sandbank Banc d'Arguin ist Nistplatz der vom Aussterben bedrohten Brandseeschwalbe.

Dune du Pilat, Avenue de Biscarrosse, 33115 La Teste-de-Buch, Tel. +33 (5 56) 22 12 85

Schönste Stelzen-Parade

32 Die Carrelets der Südwestküste

Les carrelets: Sie sind die Hingucker an der Atlantikküste von Südwestfrankreich. Es sind die Arbeitsplätze von Fischern, die dort seit Jahrhunderten so angeln und fischen. Ein langer Holzsteg führt vom Strand oder von hohen Klippen zu ihnen. Ein großes Fenster Richtung Meer, ein quadratisches Netz, das in die Fluten gesenkt wird, und ein paar Taue, um die hölzerne Hütte im Meer gegen die Kraft der Wellen abzusichern. Filigran hocken sie so auf Stelzen über den Fluten des Atlantiks. Welch eine Freude, sie aus immer neuen Blickwinkeln zu betrachten und zu fotografieren!

Mehr als 400 sind es allein an der Küste des Départements Charente-Maritime. An der Mündung der Gironde mit ihren Klippen und Steilküsten reiht sich ein *carrelet* ans nächste. Seit 2018 gehören diese Fischereihütten offiziell zum Kulturerbe. Zu ihrem Namensgeber wurden die quadratischen Netze, mit denen von diesen Pfahlbauten aus gefischt wird. Mit einer Winde wird das Netz hinab ins Meer gelassen und wieder hinaufgezogen. Gefischt wird stets bei auflaufender Flut und immer dort, wo das Meer noch recht flach ist. Der Köder wird in die Mitte des Netzes gelegt. Die Kunst besteht nun darin, das Netz so zu bewegen, dass Seezungen, Meeräschen, Böcke, Schollen, Krabben, Garnelen und Aale angelockt werden. Das erfordert nicht nur Übung, sondern auch viel Geduld. Beim Hinaufziehen sorgt ein Flaschenzug dafür, dass das Seil sich horizontal schließt und der Fang nicht entwischen kann. Am Europäischen Denkmaltag öffnen einige Fischer ihre *carrelets* und laden ein, es selbst einmal zu versuchen. Welch ein Spaß! Und welch eine Freude, wenn tatsächlich ein Fisch oder ein Schwarm Crevetten im Netz gelandet ist. Das ganze Jahr hindurch sorgen die *carrelets* für ein ganz besonderes Flair, wenn sich die Sonne langsam verabschiedet und im Meer versinkt. Wie Scherenschnitte zeichnen sich die *carrelets* dann vor dem goldglühenden Himmel ab. Romantisch!

TIPP
An den carrelets führen die Radroute La Vélodyssée und die Wanderwege Sentier du Littoral vorbei.

- Carrelets, entlang der gesamten Westküste zwischen den Mündungen von Loire und Gironde, zum Beispiel bei Royan
- ÖPNV: TER, Haltestelle Gare de Royan

Vive le funiculaire!

33

Die Standseilbahn von Pau

Nostalgische Verkehrsmittel verzaubern sofort. Schnauferlzüge, chromglänzende Oldtimer, Windjammer, die ihre Segel blähen, Flugzeuge wie die Tante Ju, nostalgische Aufzüge wie die Paternoster … und der Funiculaire von Pau. Jede Fahrt damit ist eine aussichtsreiche Reise in die Vergangenheit, die viel zu schnell vorbei ist. Die Standseilbahn gehört zu den kürzesten Eisenbahnstrecken der Welt. 103 Meter lang sind ihre Gleise. Mit 30 Prozent Steigung erklimmt sie den Steilhang von Pau – pro Sekunde ganze 1,5 Meter! Seit 1908 verbindet sie so alle 3 Minuten von früh bis spät den Bahnhof mit dem Boulevard des Pyrénées auf Höhe der Place Royale. Seit 1978 ist die Fahrt kostenlos. Seitdem kann sich jeder das Vergnügen leisten – und es so oft wiederholen, wie er mag!

TIPP

Gegenüber leuchten gelb die Stelen der Tour des Géants mit den Helden der Tour de France.

500.000 Fahrgäste pro Jahr freuen sich über diese nostalgische Bahn, deren graublaue Kabinen aus dem Jahr 1961 seit mehr als 60 Jahren ohne großes Murren ihren Dienst tun. 1874 hatten die Stadtväter ursprünglich von einem Aufzug geträumt, die Idee dann aber schnell wieder verworfen. Mehr Zustimmung fand der Plan einer mobilen Rampe. Geradezu filigran wirkt ihre Metallkonstruktion vor der 26 Meter hohen Felswand. Pünktlich um 7 Uhr morgens nahm die Standseilbahn am Samstag, 15. Februar 1908, mit lackierten Holzkabinen ihren Betrieb auf.

Wer aus ihren Fenstern gen Süden blickt, sieht hinter dem Häusermeer der Hauptstadt des Béarn langsam die Bergspitzen der Pyrenäen mit dem Pic du Midi d’Ossau aufragen. Richtung Stadt schweift der Blick über den Sentiers du Roy, den Spazierweg zwischen Ober- und Unterstadt am Prallhang des Ruisseau de l’Ousse. Seitdem dort die Brombeerhecken entfernt wurden, sind auch wieder Teile der Festungsanlage zu sehen. Dann tauchen die Jardins de Joantho mit ihren Königs- und Hanfpalmen, blühenden Magnolien und Bananenstauden auf, und die Kabine erreicht den Talbahnhof. Welch grandiose Fahrt!

- Le Funiculaire, Les Sentiers du Roy, 64000 Pau
- ÖPNV: TER, TGV Inoui, Haltestelle Bahnhof Pau, dann 3 Minuten Fußweg

Leben spüren!

34 La Belle Étoile in Saintes

„All unsere Leidenschaften spiegeln die Sterne wider“, sagte Frankreichs Nationaldichter Victor Hugo. Sterne sind auch das Leitmotiv eines stattlichen Herrenhauses, das sich seit dem 18. Jahrhundert über Vallon des Arènes im Herzen des Saint-Eutrope-Viertels von Saintes erhebt. La Belle Étoile, der gute Stern, nennt es sich – und versteht sich als ein *maison fertile,* als ein fruchtbares Haus.

Das ist es im wahrsten Sinne des Wortes. Es ist ein Haus, das allen Menschen, allen Gedanken und allen Ideen offensteht – und sie in diesem einzigartigen Ort des Lebens, des Teilens, des Austauschs und der Geselligkeit zum Leben bringen will. Das beginnt bereits im Erdgeschoss, wo die Oasis des Créateurs lokale Künstler, Handwerker und Produzenten mit ihren Arbeiten vorstellt. Naturseifen, Kartonmöbel, energetische Kerzen und Taschen aus recycelten Stoffen sind dort erhältlich, aber auch Kräutertees, selbst gemachte Konfitüren, Honig und Samen zum Selberpflanzen. In der Nähmaschinenecke können Kleidungsstücke geändert, geflickt und gestopft werden. Jeden Freitag heißt es Tric'O'Thé, brod'O'Thé, Tiss'O'Thé: Dann wird im Teesalon, der im Sommer sonntags auf seiner Terrasse zum Brunch lädt, gemeinsam gestrickt, gestickt oder genäht. Der zweite Stock ist dem Wohlfühlen gewidmet, mit Wellness von Ayurveda bis Shiatsu. Fußreflexzonenmassage und Techniken der Sophrologie sorgen dort für totale Entspannung. Im dritten Stock wird es sportlicher. Dort lädt ein Raum der Möglichkeiten zur Selbsterfahrung mit Yoga, Meditation und Pilates ein.

TIPP

Lange vor dem Kolosseum in Rom wurde in Saintes das nahe römische Amphitheater erbaut.

Leben spüren: Dazu gehört in La Belle Étoile neben Kunsthandwerk, Kreativität und Wellness auch das Glück im Grünen. Jeder, der im Vallon des Arènes spaziert, darf die Gartentür zum Gemeinschaftsgarten von La Belle Étoile aufstoßen. Wer die Natur spüren will, kann im *jardin partagé* jäten und pflanzen. Wer entspannen will, legt oder setzt sich auf die Gartenstühle, lässt die Gedanken träumerisch wandern und sieht nachts lauter Sterne am Firmament funkeln.

● La Belle Étoile, 20, Garten: Avenue des Arènes, 17100 Saintes, Tel. +33 (5 46) 95 96 59

● ÖPNV: Bus B, Haltestelle Reverseaux

Le bonheur am Badestrand

35 Die Strandbar Anaia in Bidart

Nur 6 Kilometer von Biarritz entfernt versteckt sich ein Juwel: Bidart – charmant, beschaulich, baskisch! Während der Verkehr auf der Départementstraße D 810 Richtung Spanien braust, thront es mit rotweißen Häusern hoch auf den Klippen über dem Atlantik. Bidart ist das höchstgelegene Dorf an der baskischen Küste! Von seiner Chapelle Sainte-Madeleine eröffnen sich traumhafte Ausblicke auf die Côte Basque und ihr Hinterland. 80 Meter tiefer tanzen als schwarze Punkte unzählige Surfer auf den Brechern des atlantischen Ozeans. Klippentreppen führen zu ihnen hinab. Dort, wo ein Wellenbrecher in den Atlantik ragt, befindet sich einer der beliebtesten Surf-Spots von Bidart. Und genau hier, an der Plage Centrale von Bidart, hat die Strandbar Anaia wuchtige Holztische auf die Promenade gestellt. Welch ein Glück, von dort hautnah den Surfern bei ihren waghalsigen Sprüngen und schnellen Ritten über die Wellen des Atlantiks zuzuschauen. Besonders zum Apéro, wie die Franzosen ihren geselligen Aperitif nennen, ist hier der Treffpunkt! Dann leuchtet das baskische Craftbeer des Briten Bob Worboy vor dem türkisblauen Meer goldgelb im Glas, liegt Champagner auf Eis in der Schale und genehmigen sich die Einheimischen noch einen *patxaran,* den baskischen Schlehenlikör, mit Blick aufs Meer. Meldet sich der kleine Hunger, landen *chipirons,* pikant gewürzte, winzige Tintenfische, als Tapas auf dem Tisch. Die Surfer, die ihre bunten Boards nun den Strand emporschleppen und gegen die weiß gekalkte Hauswand stellten, verlangen Deftigeres: Burger! Steak frites! Tartar! Für alle, die auf dem Küstenwanderweg unterwegs sind, gibt es warme oder kalte Sandwiches, Wraps, Salate zum Mitnehmen und Crêpes zum frischen Kaffee. Stundenlang könnte man hier zuschauen – dem Tanz auf den Wellen, dem *Savoir-vivre* der Franzosen und dem ständig wechselnden Spiel des Lichts auf den Landschaften der Côte Basque. Auch in solch kleinen, einfachen Momenten liegt *le bonheur.*

TIPP

Der 54 Kilometer lange Sentier du Littoral lädt ein, zu Fuß die baskische Küste zu entdecken.

● Anaia, 9, Rue de la Plage, 64210 Bidart, Tel. +33 (5 59) 23 29 30
www.restaurant-anaia.com

Horaila
Blonde Classique
Bob's Beer

Beschwingt im Sattel

36 Das Weinkloster am Radweg: La Sauve Majeure

Entre-deux-Mers ist die Toskana von Bordeaux. Aus dem größten Anbaugebiet des Bordelais stammen 85 Prozent der Bordeaux-Weine. Doch Monokulturen voller Weinreben bis an den Horizont gibt es auf seinen 1000 Quadratkilometern nicht. Entre-deux-Mers ist ein buntes Puzzle aus Bauernland. Unter knorrigen Kastanien weiden cognacbraune Blonde d'Aquitaine-Kühe. Obsthaine voller Aprikosen und Pfirsiche säumen die Landstraßen, dann wieder hohe Holzscheunen zum Trocknen von Tabak. 2003 verwandelte Créon seinen einstigen Bahnhof in eine Service-Station für Radfahrer – und das Gleisbett in die Véloroute Lapébie.

Ihr erstes Ziel heißt Sauve – und lockt mit einem grandiosen Weinkloster: der Abbaye de la Sauve Majeure. Vor fast 1000 Jahren hatte dort der spätere heilige Gerhard von Sauve-Majeure ein Benediktinerkloster gegründet. Es lag am Jakobsweg – und wurde daher von den Herzögen von Aquitanien gefördert. Im 12. Jahrhundert stand die romantische Abtei an der Spitze von 70 Prioraten zwischen England und Aragon und barg innerhalb ihrer Sauveté eine bedeutende Klosterstadt. Nach der Französischen Revolution als Steinbruch verwendet, ist sie heute nur noch eine Ruine. Aber was für eine: großartig und sehr süffig! Drei Hektar groß ist die Wiese voller Ruinen. Vom Kreuzgang ist nur der Grundriss erhalten, vom Kapitelsaal sind nur einige Säulen übrig, vom Refektorium steht nur noch eine Mauer mit gotischen Fenstern. Nahezu vollständig zerstört sind auch das Skriptorium und der Schlafsaal der Mönche. Doch die hohe Apsis im Schatten der Steineiche strahlt noch die klösterliche Atmosphäre von damals aus. Auch die Säulen mit ihren fein behauenen Kapitellen, die Akanthus und lustige Akrobaten zieren, zeugen vom einstigen Reichtum der Abtei. Und, oh Freude: Auch der Glockenturm steht noch! Die Aussicht ist fantastisch! Die Klosterscheune stellt als Maison des Vins de l'Entre-deux-Mers die Weine vor, die auf dem Ton, Kies und Kalk von Entre-deux-Mers gedeihen: frisch, fruchtig und weiß. Probieren erwünscht!

TIPP

Anfang September fordert Ouvre la Voix, Frankreichs einziges Rad-Musik-Festival, zum Mitsingen auf.

- Abbaye de la Sauve Majeure, 14, Rue de l'Abbaye, 33670 La Sauve, Tel. +33 (556) 23 01 55, www.abbaye-la-sauve-majeure.fr
- Bus 403, Haltestelle La Sauve, Bourg, 6 Minuten Fußweg

65 kleine Paradiese

37 Die Crampottes von Biarritz

Crampottes heißen sie, die kleinen, weiß getünchten Hütten am alten Fischereihafen von Biarritz. 65 sind es an der Zahl. Sie drängen sich zwischen dem Hafenbecken und dem Atalaye-Plateau. Dort zeigt sich das edle Seebad herrlich volkstümlich und bodenständig. Eine *crampotte* ist in der Sprache der Gascogne eine „kleine Kammer". Die Seeleute ruhten sich dort aus und lagerten ihre Ausrüstung.

Die Häuschen, die unter Napoleon III. mit der Gründung des Hafens entstanden, sind Eigentum der Stadt Biarritz, die sie vermietet. Die Warteliste ist lang. Sie sind die letzten Bastionen der Familien von Biarritz, die noch mit dem Ozean und der Fischerei verbunden sind. Denn um die 15 Quadratmeter großen Paradiese zu bekommen, muss man in Biarritz wohnen. Und vor allem ein Boot haben, das an einem der 95 Ringe im Hafen liegt. So wie Yves, der 19 Jahre lang auf seine *crampotte* warten musste. Mehr Glück hatte Beñat. Er konnte die Nachfolge seines Vaters antreten. Auch manch eine Biarritzer Persönlichkeit hat dort ein kleines Refugium. So wie François Doyhamboure, der frühere Küchenchef des Coq Hardi und ersten Sternelokals von Biarritz. Johnny Hallyday und andere Promis waren bei François Stammgäste. Mit Humor und Hingabe hat er seine *crampotte* geschmückt – und einige Nachbarn inspiriert, es ihm gleichzutun. Vor seiner Tür legte er zudem eine Place de la Surprise an. Sie erinnert an das schwerste Schiffsunglück vor Biarritz. Am 20. November 1893 war die Schaluppe Surprise mit einer Ladung Schiefer an Bord am Rocher de la Vierge zerschellt. Alle Matrosen starben.

Jeder Stein in den *crampottes* erzählt Geschichten. Und zeigt Facetten der Stadt, die sonst verborgen blieben. Schon der Spaziergang auf der Promenade dorthin ist ein Erlebnis. Und erst recht der Blick von den Felsinselchen der Küste auf die *crampottes* am frühen Abend, wenn sanftes Licht dem kleinen Fischhafen von Biarritz eine ganz romantische, fast magische Atmosphäre verleiht.

TIPP

Im Juli/August stellen Mittwoch- und Freitagabend Kreative und Designer im alten Hafen aus.

- Crampottes, Port-Vieux, 64200 Biarritz
- ÖPNV: Bus 38, Haltestelle Hélianthe

8
Ass. des USAGERS
du PORT des PECHEURS
de BIARRITZ

Zurück in die Zukunft

38

Das Naturschutzgebiet Étang de Cousseau

3 Kilometer vom Atlantik entfernt führt bei Lacanau eine Spazierrunde durch eine abenteuerliche Wildnis – und zurück in die Zukunft. Sie beweist, dass der Mensch angerichteten Schaden korrigieren und einen Raubbau an der Natur rückgängig machen kann. 900 Hektar groß ist das Naturschutzgebiet des Étang de Cousseau – und ein Signal der Hoffnung in Zeiten des Klimawandels.

Das Nationale Naturschutzgebiet entstand, als die Senke mit dem Kanal, der die beiden großen Küstenseen des Médoc – Carcans-Hourtin im Norden und Lacanau im Süden – verbindet, an der Ostflanke des Dünenstreifens gezielt geflutet wurde. Seine Wassermassen machten rückgängig, was Kaiser Napoléon III. im 19. Jahrhundert angeordnet hatte: die Entwässerung der Landes de Gascogne. Ihre typischen Landschaften mit Feuchtheiden und Wanderdünen machten damals Kiefernforsten Platz.

Doch nun: losgewandert. Ein gemeinsamer Rad- und Wanderweg führt vom Parkplatz in rund 1,5 Kilometern zum Kern des Schutzgebietes. Hier müssen alle Räder abgestellt werden. Weiter geht es nur zu Fuß. Schmal ist der Saumpfad; mal übersät mit Wurzeln, dann sandig. Mitten im Grün ragen zwei hohe Aussichtstürme auf: die Tour de Galip und die Tour de Lesperon. Aus rund 20 Metern Höhe zeigen sie die renaturierten, typischen Landschaften der Landes. Auf den Dünen erstreckt sich ein Mischwald mit Strandkiefer, Stieleiche und Erdbeerbaum. Seine Ränder und Lichtungen bedeckt Heidekraut. Von April bis Juni leuchten die Blüten der Zistrose weiß und ziehen Insekten an. Die Dünen grenzen an den Talaris-Sumpf, ein riesiges Feuchtgebiet mit Weiden, Birken, Krötenbinse und Sonnentau. Kühe der Rasse Marine weiden zwischen Sumpf und Düne. Mit Pfeifengras umarmt Feuchtheide den See. Rehe, Hirsche, Wildschweine, Dachse und Hasen lieben das Naturreservat. 39 Libellenarten schwirren umher. Sein Star jedoch ist der Europäische Fischotter. Hier hat er wieder Ruhe und Nahrung gefunden, die er für die Aufzucht seiner Jungen benötigt. Paradiesisch!

TIPP

Köstliche Bistronomie in Wohnzimmer-Ambiente serviert Le Chat sur le Toit in Lacanau.

● Étang de Cousseau, Parkplatz Marmande: D6E1, 33680 Lacanau. Tel. +33 (7 68) 87 81 12; Fahrradparkplätze: Règue Verte, Lesperon

Die Lust am stillen Gleiten

39 Im Hausboot unterwegs auf der Charente

Frankreich ist ein ungeheuer beliebtes Hausbootrevier. Auf dem Canal du Midi und dem Canal de Bourgogne kommt es daher in der Hauptsaison mitunter zu langen Staus – und geschleust werden muss dort oft. Umso schöner ist ein Hausboot-Urlaub auf der Charente – auf ihr zu schippern, ist pure Entschleunigung und Entspannung! 381 Kilometer lang ist der Fluss, der dem Département den Namen gab und südlich von La Rochelle bei Rochefort in den Atlantik mündet. 142 Kilometern sind zwischen Angoulême (Glücksort 9) und Rochefort (Glücksort 12) schiffbar.

So gemächlich, wie dort das Schippern gestattet ist – maximal 8 Kilometer schnell – verläuft an der Charente auch das Leben. Die Orte am Fluss sind mit ihren alten Steinhäusern, blühenden ummauerten Gärten, dem Krähen der Hähne, dem Singen der Vögel wie aus der Zeit gefallen. Auf Äckern, Wiesen und Weiden blüht es kunterbunt, und die Ställe sind nur Winter- und Schlechtwetterquartiere für Esel und Kuh. Graureiher staken durch das Wurzelgewirr am Ufer. Dann taucht ein Biber auf und verschwindet im Fluss. Hier und da trüben Sedimente seine Fluten, die so sauber sind, dass man von Bord aus ohne Bedenken hineinspringen – oder Karpfen, Hecht, Brassen, Plötze, Döbel, Forellenbarsche und Rotauge angeln kann. Dann lässt sich die Landschaft hinter dem dichten Vorhang aus Bäumen und Blättern, Lianen, Blüten und Büschen nur erahnen – so grün ist das Ufer. In vielen Mäandern schlängelt sich der Fluss ruhig durch bäuerliches, sanft gewelltes Land. An den Hängen der Hügel wächst Wein, der zu Cognac gebrannt wird.

Nur 21 Schleusen unterbrechen das entspannte Gleiten. Schließzeiten gibt es nicht. Dafür wird es sportlich: Mit großen Schwungrädern wird jede Schleuse per Hand geöffnet. Flussabwärts von Cognac ist dies immer seltener der Fall. Bei Windstille verwandelt sich die Charente dort in einen geradezu mystischen Spiegel, der die Landschaft doppelt. Welch ein Gefühl, im Hausboot zu schweben!

TIPP

Von der Atlantikküste bis ins Reich der Trüffel: 290 Kilometer lang ist die Charente-Radroute Flow Vélo.

● Hausboot-Basen, Quai François Mitterrand, 16200 Jarnac; Chemin des Gabariers, 16440 Sireuil

Lustwandeln am See

40 Die Promenade Fleurie von Mimizan

Ein Holzbalkensteg, der abends verschlossen wird, führt in Mimizan hinüber ins Paradies. Mehr als 400 verschiedene Arten von Blumen, Büschen und Sträuchern schmücken dort eine kleine Insel, die der Courant de Mimizan am Étang d'Aureilhan-Mimizan geschaffen hat.
Nur 7 Kilometer lang ist der Küstenfluss, der von Mimizan weiter nach Norden strömt, den See von Biscarosse durchfließt und sich in den Atlantik ergießt. Ab Ende Mai blühen auf dem Mini-Strom die Seerosen, die seinen Lauf rund um die Blumeninsel erobert haben. Im Juli duftet der Lavendel zwischen großen Stauden von Phlox, und Rosen leuchten in Weiß, Rosa und Rot. Die Ufer haben Farne, schlanke gelbe Iris und Wasserpflanzen von klein bis riesig erobert. Silberreiher, Graureiher und Enten lassen sich vom 300 Meter langen Rundweg der Promenade Fleurie beobachten. Auf halbem Wege – und genau an der Spitze der Insel – stehen Bänke. Weit schweift der Blick über die stille Wasserfläche des Sees von Aureilhan-Mimizan.
Wenig weiter die Promenade entlang taucht am anderen Ufer ein verspieltes Tudorschlösschen auf. 1910 ließ es Sir Hugh Richard Arthur Grosvenor als Jagdschloss erbauen. Doch statt der Flinte nahm der Herzog von Westminster lieber den Pinsel zur Hand, ganz verzückt von der Szenerie am See. Ab 1920 verbrachte Sir Winston Churchill auf Schloss Woolsack glückliche Sommertage. Später ließ Modeschöpferin Coco Chanel ihre Mannequins sich im Schloss erholen, ehe es wieder in Paris auf den Laufsteg ging.
Mit diesen Ausblicken verabschiedet sich die Promenade Fleurie vom See, wendet sich wieder landeinwärts und taucht ein ins Reich der quakenden Frösche und Libellen, die leuchtend blau auf den Fluten des Courant de Mimizan tanzen. Natur pur, geschaffen von einem Bürgermeister, der Blumenfreund war und wusste, wie die Begegnung mit der Natur Kraft und Freude schenkt. Auf der Promenade Fleurie ist dies das ganze Jahr zu erleben, kostenlos und barrierefrei.

TIPP

Die Promenade Fleurie feiert am dritten Wochenende im Mai das grüne Festival Jardins en fête.

● Promenade Fleurie, Avenue du Lac, 40200 Mimizan

Feuerwasser

41 Die Cognac-Keller von Cognac

Hinter die Kulissen schauen und unbekannte Welten entdecken: In Cognac laden dazu die Cognac-Keller ein und inszenieren ihr „Feuerwasser“ spektakulär als ein Erlebnis für alle Sinne: schnuppern, kosten, sehen, staunen! Das Branntweingewerbe hat die Stadt derart geprägt, dass die Häuser von dem durch den Alkoholdunst entstehenden Pilz, dem *part des anges* (Anteil der Engel), eine schwärzliche Schicht erhalten haben. Dicht an dicht drängen sich die großen Keller von Weltmarken wie Rémy Martin, Camus, Martell und Otard im kleinen Städtchen.
Am Kai der Charente erhebt sich stattlich die Weltzentrale von Hennessy. Die spannende 90-Minuten-Führung beginnt mit einer Fährfahrt. Denn die *chais,* die alten Weinlager, liegen am anderen Ufer der Charente. Selbst im Sommer sind die Keller kühl – und überraschend dunkel. Mit kurzen Texten und Bildern stellt eine Multimediaschau schlagwortartig die Geschichte des Unternehmens und der Cognacherstellung dar. Nur aus sechs Lagen dürfen die Trauben stammen. Dazu gehören die Champagne-Böden Grande Champagne und Petite Champagne, die Borderies und die drei Wald-Lagen Bons Bois, Fins Bois und Bois à Terroirs. Haupttraube ist die weiße Ugni Blanc, dessen Aromen mit Folle Blanche und Colombard abgerundet werden dürfen. Das halten die Auflagen der AOC fest, die seit 1936 die Regeln fürs doppelte Brennen und die Fassreife vorschreiben. Lichtstrahlen verraten, wo die aromatischen Dämpfe entlangwandern und sich abkühlen. Der Fremdenführer lässt am Destillat schnuppern: feurig, klar und aromatisch. Vorbei am Fasskeller und der Duftorgel für die Assemblage geht es zur Verkostung. Erst jetzt erzählt Alexandre, dass Cognac aus der Not erfunden wurde. Denn der Wein aus Cognac, der seit dem 16. Jahrhundert nach Nordeuropa verschifft wurde, litt arg unter der langen Seereise. Erst nach der Destillation war er genießbar: die Geburtsstunde des Cognacs. Welch eine glückliche Fügung! Pur, *on the rocks,* jung und gereift darf er nun gekostet werden. *Santé!*

TIPP

Schöne Ausblicke auf Cognac bietet die loungige Ufer-Bar Les Voiles des Pontis am rechten Charente-Ufer.

● Hennessy, Quai Richard Hennessy, 16100 Cognac, Tel. +33 (5 45) 35 06 44
● ÖPNV: TER, Haltestellte Bahnhof Cognac; dann Bus B, Haltestelle Villa François 1er, 6 Minuten Fußweg

Hennessy

Slow schlemmen!

42

Der Étable d'Ossau von Buzy

Juan Matias Ferreyra wurde in den 1990er-Jahren im fernen Argentinien geboren. Dass er dort Kristian Poppe kennenlernte, wurde zum Glücksfall für das 6.868,83 Kilometer entfernte Buzy im Béarn. 2019 eröffneten die beiden Jungköche mit ihren Partnerinnen dort in einer ehemaligen Schäferei ihr Restaurant L'Étable d'Ossau. „Essen ist Teilen" ist das Duo überzeugt, und jede Gastronomie eine Ehrung der bäuerlichen Kunst. Jeder Teller zeugt davon. Mittwochs besuchen Kristian und Matias den Markt in Gan, freitags den in Oloron und samstags morgens die Märkte von Billère und Nay. Was sie dort nicht finden, liefern kleine lokale Erzeuger. Das Rindfleisch stammt von der Charcuterie Pommé in Arudy oder der Ferme du Moure in Sévignacq-Meyracq, das Schweinefleisch aus Bosdarros, das Kalbfleisch aus Rébénacq. Von dort kommen auch die köstlichen Ziegencrottins der Chèvrerie Hourquet. Der warme Duft aus dem Ofen verrät: Auch das Brot ist hausgemacht und wird mit Bio-Sauerteig von der Ferme Pietometi in Ogeu hergestellt, der das Restaurant auch mit Biogemüse versorgt. Jeden ihrer Lieferanten kennen die beiden Köche persönlich – und verraten ihn auf der Speisekarte, die Frische und Natürlichkeit beschwört.

TIPP

Am L'Étable d'Ossau beginnt die 9,7 Kilometer lange Rundwanderung zum Croix de Buzy (440 m) und nach Bescat.

Doch lokale Küche bedeutet für sie nicht béarnaiser Hausmannskost. Mit unbändiger Lust am Experimentieren lassen sie die kulinarischen Entdeckungen von Reisen in ihre Küche einfließen. Beiden lieben zudem die orientalische Küche und Street Food, das auch in Südwestfrankreich sehr im Trend liegt. Matias jongliert gerne mit dem Erbe seiner Heimat und serviert die Rinderhochrippe mit Argentiniens Knoblauch-Kräuter-Würze Chimichurri. Für ihren Pastrami wird der Kalbsbauch erst mariniert, dann geräuchert und anschließend im Ofen gegart. Zum Nachtisch gibt es Basboussas, ein Gebäck der Levante mit Pistazien, Rosenwasser und Kardamom, begleitet von einer Eiscreme aus Schafsfrischkäse. Aufregend anders ist auch die Getränkekarte mit Kombucha, hausgemacht aus pakistanischem Tee!

● L'Étable d'Ossau, 1, Chemin d'Ossau, 64260 Buzy, +33 (5 59) 02 28 51

ENTRÉE

Nachhaltig Leben spüren

43

Der Espace Darwin in Bordeaux

Wohlfühlen fängt morgens mit einem richtig guten Kaffee an. Stark, heiß und frisch gebrüht dampft er im L'Alchimiste in der Tasse. Das Café versteckt sich in einem der vielen Bauten des Espace Darwin auf der Rive Droite von Bordeaux und ist der perfekte Ort, um den Tag im bunten Kosmos dieses Versuchslabors fürs Leben und Arbeiten von morgen zu planen. Ursprünglich dienten die versprengten Bauten auf dem 10 Hektar großen Areal als Lagerhäuser. In den Schuppen der Magasins généraux wurden Waren, die per Schiff ankamen, zwischengelagert, ehe sie per Bahn versandt wurden. 1895 übernahm das Militär das Gelände und vereinte bis 2012 dort die verschiedenen Dienste der Armee, die bis dahin über mehrere Stadtteile verstreut gewesen waren.

TIPP

Der Jardin Botanique de la Bastide präsentiert die Genese der Flora, seitdem sie das Urmeer verlassen hat.

Nach sieben Jahren Leerstand und Streit eröffnete die ehemalige Caserne Niel 2012 als Start-Up und Szene-Zentrum von Bordeaux. Zehn Jahre später pulsiert sie genauso lebendig wie bei der Gründung – und gehört heute zu den *Must-Sees* der Stadt. Das Gelände weckt die Neugier, inspiriert beim Schlendern und beschert mit seinem bunten Mix und seiner Lust am Leben, am Experimentieren und an der Geselligkeit jeden Moment diese prickelnde Freude am Sein. Darwin ist eine Stadt in der Stadt: mit alternativem Gymnasium, Coworking-Plätzen und Büros von Start-Ups. Seine Lagerhäuser bergen heute trendige Szene-Shops, die nachhaltig arbeiten. Wer Sneaker kauft, wirft zuvor seine ausgelatschten Treter in eine Recycling-Box. Ein Bio-Markt zeigt, dass es möglich ist, sich allein mit Produkten aus Bordeaux und dem Umland nachhaltig zu ernähren. In kleinen urbanen Gärten wachsen Karotten, Kresse & Co. Sportlich geht es in der Skater-Halle mit ihren Rails und Jumps zu. Am offenen Fenster trainiert eine Yoga-Klasse. Allgegenwärtig sind Kunst und Kreativität – von der riesigen Bühne im Herzen der Anlage bis zur Street Art, ausgefallen und überraschend. Darwin: ein Mikrokosmos, der Zukunft ins Heute holt – und Mut macht auf morgen.

● Espace Darwin, 87, Quai des Queyries, 33100 Bordeaux, Tel. +33 (5 56) 77 52 06

Grüß mir das Murmeltier!

44

Der Petit Train d'Artouste im Béarn

Das Abenteuer beginnt am Stausee von Fabrèges in 1200 Metern Höhe. Von dort schwingt sich eine Seilbahn hinauf zur Bergstation von Sagette. Ein paar Stufen, und da steht er: der Petit Train d'Artouste – Europas höchste Eisenbahn! Auf rund 2000 Metern Höhe rattert der rote-gelbe Zug mit seinen halboffenen Waggons durch die grandiose Berglandschaft des Pyrenäen-Nationalparks und nimmt Ausflügler und Wanderer mit zum 9,5 Kilometer entfernten Stausee Lac d'Artouste. Der Petit Train ist mehr als eine nostalgische Ausflugsbahn. Er entstand als Arbeitszug für die Wasserkraftanlagen, die die Compagnie des Chemins de Fer ab 1909 in den nördlichen Pyrenäen anlegte. Bis heute nimmt er daher nicht nur 72 Ausflügler pro Zug mit, sondern auch Werkzeug, Ersatzteile und Mitarbeiter des Kraftwerks. Ein Tuten, und los geht die Reise – und hinein in den spärlich beleuchteten Bärentunnel. Sobald die Kleinbahn ihn verlässt, entfaltet sich ein grandioses Panorama. Murmeltiere hüpfen in ihren Bau, wenn die Bahn sich nähert. Schafe ziehen über die Heidelbeerhänge des grünen Soussouéou-Tales. Auf geraden Strecken macht die Bahn maximal Tempo 18. Das ist langsam genug, um das Auge genüsslich über steile Bergflanken, schroffe Gipfel und tiefe Täler schweifen zu lassen. Doch nun kommt eine Kurve. Die Passage verengt sich. Direkt an der Felskante verlaufen nun die Gleise, nur wenige Zentimeter vom gähnenden Abgrund entfernt. Gänsehaut! Immer karger wird das Land, ein Meer aus Stein. Granit, mal glattpoliert, mal kantig scharf. Dann gurgelt und blubbert es, und Rinnsale plätschern neben Heidekraut und winzigen Blüten in Lila und Gelb hinab. Noch umtanzen Wolken die Gipfel, verschleiern die Spitzen. Doch die Sonne lässt den Morgennebel schmelzen und zeigt eine wilde Weite, Macht und Größe der Natur. Die Gespräche verstummen. Stille macht sich breit. 55 Minuten lang andächtiges Staunen im Schatten der Gipfel von Cézy, Amoulat und Arcizette. Die Magie der Berge!

TIPP

Im Baskenland fährt noch eine Bahn hinauf ins Gebirge: die Zahnradbahn des Aussichtsgipfels La Rhune.

● Petit Train d'Artouste, Station d'Artouste, 64440 Laruns, Tel. +33 (8 92) 43 04 40

Perle der Fifties

45

Das Seebad Royan in Charente-Maritime

2600 Meter ist sie lang, die Grande Conche, und damit die größte Badebucht von Royan. Mit feinstem Sand erstreckt sich ihr breiter Strand zwischen der Felsnase der Pointe de Vallières und dem Hafen mit seinen Kabinenkreuzern, Segeljollen und der Fähre hinüber zum Médoc. SUP-Boards und Meerkajaks liegen im Sand. Badehütten aus blau-weißem Stoff schirmen den Strand zur Uferstraße ab. Der Nachwuchs buddelt Burgen oder spielt mit den Eltern Beach Tennis. Dann kommt ein mobiler Verkäufer mit Bauchladen vorbei und lockt mit Liebesäpfeln und kalten Getränken. Welch ein friedvoller Ort!

Und doch. 1940 nahm die deutsche Kriegsmarine Royan in Besitz und baute es zur Festung aus, mit der Parole: Haltet Royan bis zur letzten Patrone. Am 5. Januar 1945 begann das Bombardement der Briten. Royan versank in Schutt und Asche. Dennoch wich die Wehrmacht keinen Zentimeter. Mitte April 1945 kam die US-Luftwaffe und setzte Napalm ein. Royan war vernichtet. Nichts erinnerte mehr an das mondäne Belle-Époque-Seebad mit seinem Casino, den prachtvollen Boulevards und Promenaden, den eleganten Cafés und Restaurants. 1945 erklärte Frankreich Royan zum urbanen Labor. Modern, funktionell, zukunftsweisend wurde Royan wieder aufgebaut, großzügig in der Anlage, kantig in der Architektur und voller Freude an Farbe.

TIPP

Der Grande-Conche-Strand ist als Plage Handicap auch auf Menschen mit Behinderung eingerichtet.

Doch die Skyline der Stadt, auf Fernwirkung bedacht, ist seit dem Mittelalter unverändert. Bis heute beherrscht eine Kirche die Ansicht. Alle anderen Gebäude sind der Église Notre-Dame untergeordnet. Ihr dem Meer zugewandter Glockenturm, 58 Meter hoch, ist Seezeichen und Mahnmal zugleich. „Royan soll keine Stadt sein, die gebrochen ist, sie soll eine Stadt sein, die aufsteht. Drücken Sie das in der Silhouette der Kirche aus.“ Diese Worte soll Bürgermeister Dautry einst dem Architekten Guillaume Gillet gesagt haben. Das Wunder ist dem Architekten gelungen. Royan ist eine Stadt voller Lebensfreude – ein Seebad der Swinging Fifties am Strand der Grande Conche.

- La Grande Conche, Boulevard Frédéric Garnier, 17200 Royan
- ÖPNV: TER, Haltestelle Bahnhof, dann 1,2 Kilometer Fußweg (15 Minuten)

Schweine bringen Glück!

46 Die Vallée des Aldudes im Pays Quint

Vorne schwarz, hinten schwarz – und in der Mitte leuchtend rosa: So rennt das Kintoa-Schwein durch die Wälder der Vallée des Aldudes und des Pays Quint. Dieser Landstrich in den Pyrenäen ist ein echtes Unikum in Europa. Er gehört zum Staatsgebiet von Spanien, wird aber von Frankreich verwaltet. Seit Urzeiten ist es ein Stammland der Schweinezucht. Doch 1981 schien sie am Ende. Wie anderen regionalen Rassen drohte auch dem baskischen Schwein das Ende auf Erden, geopfert der Massenproduktion mit Rassen wie Landrace. Nur zwei Dutzend Sauen und zwei Eber lebten damals noch bei Züchtern. Und damit viel zu wenig, um die Rasse zu retten.

Dieses Wunder gelang einem Metzgermeister, der auf der Landwirtschaftsmesse in Paris dem bedrohten Euskal Xerria ins Auge blickte. Tief berührt, mobilisierte Pierre Oteiza seine Kollegen und gründete mit zehn Züchtern im baskischen Tal einen Verein zu dessen Rettung. So begann die rurale Renaissance der Vallée des Aldudes. Heute gilt die Rasse als gerettet, das Schwein als AOC-geschützte Spezialität. Peio Setoian züchtet Rinder der Rasse Blonde d'Aquitaine. Gemeinsam mit seiner mexikanischen Frau Nélia hat er das Familiengut Auzkia für Gäste geöffnet – mit Hofladen, Womo-Stellplatz, Ferienhaus und Landgasthof. Élodie Lannux und Peio Laxague haben die Ferme Ithurrieta übernommen und stellen dort einen Schafskäse der AOP Ossau-Iraty her, der schon viele Preise eingeheimst hat. Seit 2014 gibt es auch für die Käsemacher im Tal einen eigenen Reifekeller. Ihre Fromagerie des Aldudes stellt aus der Rohmilch ihrer 103 Milchbauern Schafs- und Kuhmilchkäse mit den Aromen der Aldudes her. Köstlich! Und perfekt geeignet für einen Picknickkorb, den Pierre Oteiza in seiner Boutique mit Wein, Brot und hauseigenen Spezialitäten füllt. Mit diesem Proviant geht es hinaus in die Natur und auf einen 2 Kilometer langen Erlebnispfad auf den Spuren des baskischen Schweines bis zu einem Aussichtpunkt. In der Vallée des Aldudes stimmt das Sprichwort: Schweine bringen Glück!

TIPP

20 Kilometer lang führt das Trail-Event Kintoa Kurri Wanderer und Läufer bei Banca durch das Pays Quint.

● Boutique/Restaurant Pierre Oteiza, Route Urepel, 64430 Aldudes, Tel. +33 (5 59) 37 56 11; Ferme Auzkia, Route, 64430 Aldudes, Tel.+33 (5 59) 37 55 65; Ferme Ithurrieta, 64430 Aldudes, Tel. +33 (6 42) 82 52 04

Das beste Ende der Insel

47 La Cabane de la Patache auf der Île de Ré

Im Norden der Île de Ré weicht das Land der amphibischen Landschaft des Fier d'Ars. *Fier* kommt vom norwegischen Wort *fjord* für eine Salzwasserbucht – und erinnert an die Wikinger, die die Insel im 10. Jahrhundert besetzt hatten. Die 800 Hektar große Meeresbucht erstreckt sich im Dreieck von Loix, Ars-en-Ré und öffnet sich zum Pertuis breton. Früher bestand es aus den damals unabhängigen Inseln Loix, Ré und Ars. Sanddrift und menschliches Wirken verbanden im Laufe der Jahrhunderte die Sümpfe. Salzgärten erstrecken sich bis an den Horizont, dem Meer abgerungen seit dem Mittelalter. Deiche rahmen ihre Becken ein. Auf dem Vorland drängen sich die Tische der Austernfischer. Sanft sind die Fluten in der bogenförmigen Bucht.

Und genau dort, wo ihre beiden schützenden Landspitzen fast aufeinandertreffen, steht am Mini-Hafen von Les Portes eine Strandhütte. Seit 1958 ist La Cabane de la Patache die Anlaufstelle für alle, die fernab des Sommertrubels und des Chichi auf der Île de Ré einfach gut schlemmen möchten. 2022 übernahmen Élodie und Gregory das traditionsreiche Strandlokal von der Familie Péan. Auch das junge Paar setzt auf lokale Produkte. Gregory betrieb in der Vergangenheit mehrere Restaurants in La Rochelle. Élodie kommt von der Insel. Ihr Großvater transportierte einst das Meersalz von Ré über den Hafen von Les Portes-en-Ré nach La Rochelle. Diese Verwurzelung in der Heimat spürt man – bei der freundlichen Begrüßung, dem Ambiente, dem entspannten Service und auf der Speisekarte. Nach der Übernahme wurde gewerkelt. La Cabane ist modernisiert, aber genauso gemütlich geblieben. Und wie eh und je gibt es zwischen Ostern und Allerheiligen Eis und Crêpes am Nachmittag und köstliche Cocktails zum Apéro. Für das *dîner* schlägt die Schiefertafel fünf Speisen vor – Austern, Algen, Fisch, Fleisch oder vegetarisch. Der Graved Lachs wurde mit dem Salz der Île de Ré mariniert, den Seelachs begleitet ein Tartar aus heimischen Algen. Hier mundet die Insel!

TIPP

Wie auf dem Fier d'Ars Austern gezüchtet werden, verrät die Ferme des Baleines bei Führungen.

● La Cabane de la Patache, 15 b, Route de la Patache, 17880 Les Portes-en-Ré, Tel. +33 (5 46) 31 38 22; Ostern bis Allerheiligen

La Cabane de la Patache

Der Sieg der Wale

48 Der Port de Guéthary im Baskenland

Weiß, rot, himmelblau und grün, aber niemals gelb, sind die Farben der Holzboote, die an 29 Ringen im Hafen von Guéthary am Seil vertäut sind. Er ist der kleinste der baskischen Küste – und mit Abstand der schönste. Der Blick über den *cale sèche* genannten Trockenhafen, in dem die Boote sicher vor Brechern des Atlantiks auf Beton liegen, ist ein Bilderbuchanblick, eingerahmt von typisch baskischen Häusern mit roten Fensterläden und Türen auf weißen Fassaden.
Doch nicht immer war der Anblick so idyllisch wie heute. Im Mittalter waren die Häfen der baskischen Küste für den Walfang berühmt. Das Gemeindewappen von Guéthary, das einen Ausguck auf einer Landzunge sowie eine Schaluppe mit Jägern zeigt, die einen Wal harpunieren, erinnert an diese jahrhundertealte Tradition. Er brachte dem Fischerort enorme wirtschaftliche Gewinne. Das Fleisch war früher ein wertvolles Nahrungsmittel. Aus dem Fett wurden Lampenöl und Seife hergestellt. Das Skelett diente als Material für Zäune, Dachstühle und Sitze. Die Barten dienten als *baleines* für Regenschirme oder Korsetts. Die Zunge galt als kulinarischer Hochgenuss. Alles vom Wal wurde verwertet – und sorgte über Jahrhunderte für Wohlstand. Als im 14. Jahrhundert die Wale im Golf von Biskaya selten wurden, zogen die Fischer bis nach Kanada und Neufundland zum Kabeljaufang.

TIPP

In Guéthary befindet sich ein berühmtester Surfspots Europas: La Parlementia mit ihrer Fünf-Meter-Welle.

Ende des 18. Jahrhunderts wich der Kabeljaufang der Küstenfischerei. Thunfisch, Sardinen und Langusten landeten nun in den Fangkörben. Sie lassen sich heute, frisch gefangen, in den Restaurants von Guéthary genießen. Aus Panoramascheiben schweift der Blick hin zum Hafen. Und weiter zum Meer, wo sich plötzlich ein Meeressäuger aus den Fluten hebt. Die Wale sind in den Golf von Biskaya zurückgekehrt! Inmitten von grauen Robben, großen Tümmlern und anderen Delfinarten tummeln sich heute wieder Schweinswale, Zwergwale, Grindwale und Pottwale. Und selbst ein Blauwal wurde schon gesichtet. Die Rückkehr der Wale: Welch ein schöner Sieg der Natur über den Menschen.

● Port de Guéthary, Jetée des Alcyons, 64210 Guéthary

BA 590064
BA 40 58 83
KOSKENIA II

Folge dem Tombolo!

49 Durchs Meer zur Île Madame

Runter vom Land, rein ins Meer. Auf einem Tombolo geht es hinein in den Atlantik. Dieser natürliche „Deich" aus Dünensand und verdichteten Kieseln verbindet auf 1100 Metern Länge den Hafen von Port-des-Bargues mit der Île Madame. Passe aux Bœufs heißt er und verrät, dass einst auf diesem Weg die Rinder von der Insel zu den Märkten an Land gebracht wurden.
Vor der Wanderung ist der Blick auf die Tiden oberste Pflicht. Die Flut trifft mit astronomischer Präzision pünktlich nach 6 Stunden und 12 Minuten ein. Pro Minute bedeckt sie 100 Meter Meeresboden. Wer da nicht schnell genug an Land kommt, schwebt in Lebensgefahr. Doch da taucht sie schon am Horizont auf, die Mini-Insel, die mit so viel grandiosen Eindrücken lockt! 7,5 Kilometer lang ist die beliebte Ausflugsrunde – und samt Inselbesuch gut bei Ebbe zu schaffen. Auch Zeit für Besichtigungen gibt es genug. Denn was gibt es nicht alles auf der 75 Hektar großen Insel zu sehen – und bereits gleich bei der Ankunft! Ein großes Kreuz aus grauen Kieseln bedeckt den Boden. Als *Croix de Galets* markiert es den Ort, an dem im Jahr 1794 254 Priester begraben wurden. Sie sollten nach Guayana deportiert werden. Doch die beiden Schiffe ankerten in der Bucht und überließen die Gefangenen ihrem Schicksal. Bei der Wallfahrt im August legt jeder Pilger einen weiteren Kieselstein ans Kreuz. Nächstes Ziel am Wanderweg ist ein wuchtiges Fort, das einst zur Verteidigungslinie von Rochefort gehörte. Heute bergen seine Kasematten eine Ausstellung, die Fauna, Flora und die Geschichte der kleinsten Charente-Insel vorstellt. In den Zeiten der Pariser Kommune 1871 lebten elf Monate lang 1250 Aufständische dort eingekerkert. Um zu überleben, fassten sie eine Quelle mit dem Brunnen Puits des Insurgés ein. Dann säumen *carrelets* (Glücksort 32) genannte Fischerhütten die Küste, schottische Blackface-Schafe blöken, und die Ferme Aquacole lädt zur Besichtigung von Austernzucht und Salzpfannen ein. Begleitet von Möwen geht es zurück an Land. Welch ein erlebnisreicher Tag!

TIPP

Mit Austern und Charentaise-Kuchen laden die Inselbauern Elizabeth und Jean Pierre zur Genusspause.

- L'Île Madame, 17730 Port-des-Barques
- ÖPNV: Bus F, Haltestelle Port-des-Barques

Kiefern-Rausch

50

Die Forêt des Landes

Er ist würzig, belebt und macht den Kopf frei: Was für ein Duft! Und welch ein Blick auf dieses Meer in Grün! Bis zu 40 Meter hoch ragen im Hinterland der windzerzausten Dünen der Silberküste Seekiefern in den blauen Himmel. 24 Zentimeter lang sind ihre Nadeln und lassen jeden Schritt federn. 900.000 *pins marins* bilden im Westen des Départements Landes den größten Wald Westeuropas. Sogar bis nach Gironde und ein Stückchen in Lot-et-Garonne reicht er hinein! Eine Million Hektar groß ist dieses grüne Dreieck, dessen Eckpunkte die Pointe de Grave im Norden, Nérac im Osten und Hossegor im Süden sind.

Standhaftigkeit und Durchhaltevermögen in schwierigen Situationen soll der Duft der Kiefer bringen, sagen Esoteriker. Genau dies war einst gefordert. Nur Ödland erstreckte sich hier. An der Küste versandet, im Landesinneren sumpfig waren die Küsten der Landes damals ein unwirtliches Gebiet, in dem nur einige Hirten hausten. Ab dem 18. Jahrhundert versuchten ehrgeizige Geschäftsleute durch die Erschließung dieses unberührten Landes zu Reichtum zu gelangen. Sie pflanzten Reis, Erdnüsse und Tabak an und versuchten sich in der Tierzucht. 1830 gab es sogar Dromedare! Doch all diese Versuche endeten in Misserfolgen, meist zerstört vom Sandflug. Im Gesetz vom 19. Juni 1857 verpflichtete daher Kaiser Napoleon III. Gemeinden und Eigentümer, die Landes zu besäen. Das Einzige, was auf diesen Böden jedoch richtig wächst, ist die Seekiefer. An der Küste wurde dieser Baum bereits zur Befestigung von Dünen verwendet. Im Landesinnern erwies er sich als ideale Lösung, um die malariaverseuchten Sümpfe trockenzulegen. Die Hirten wurden Baumharzsammler, das Ödland ein Forst, der inmitten von Strandkiefern eine Welt voller Überraschungen birgt: kleine Dörfer wie Luxey, verwunschene Flüsse wie die Leyre, Museen wie das Écomusée de Marquèze, Land-Art, Feste – und überall Wander- und Radwege im Schatten der Pinien hin zu all diesen Glücksorten!

TIPP

Im Juli erobern Straßenmusiker und Stars auf 15 Bühnen beim Festival Musicalrue das beschauliche Dorf Luxey.

● Forêt des Landes, zwischen der Pointe de Grave, Nérac und Hossegor

Legendäre Sandkiste

51 Die Plage de Gatseau auf der Île d'Oléron

Lichte Kiefernwälder, die würzig duften. Sanfte Dünen, hinter denen sich feine, goldgelbe Strände erstrecken, weit und ursprünglich. Sanft laufen die Atlantikwellen auf einer riesigen Sandkiste aus, goldgelb, puderfein und weich: Die Plage de Gatseau gehört zu den schönsten Stränden von Südwestfrankreich. Der Strand ist zwar längst kein Geheimtipp mehr, aber noch immer ein authentischer, wilder Ort, fern allen stressigen Treibens und umarmt vom Wald. Das Naturjuwel versteckt sich im Süden der Île d'Oléron und erstreckt sich bis zur Spitze der größten Atlantikinsel Frankreichs. 34 Kilometer ist sie lang, 12 Kilometer breit und trotz sommerlichen Urlaubstrubels noch viel stärker landwirtschaftlich geprägt als ihre nördliche Schwester Île de Ré.

Und so vermischen sich an diesem weiten, schier endlosen Strand Müßiggang und entspannter Urlaubsspaß mit Aktivitäten, die seit jeher den Rhythmus von Oléron prägen. Beides hat hier Platz – und sorgt für eine einzigartige, authentische Atmosphäre. Während die Fußspitzen mit dem Sand spielen, schweift der Blick über die Meerenge zu den Naturstränden der Presqu'île d'Arvert und in der Ferne zu einem länglichen Kahn mit auffällig flachem Boden und großer Ladefläche. Dort arbeiten Männer in hohen Wathosen an Austernbänken. Jetzt haben sie auch den letzten Metallsack vom Austerntisch gelöst und auf den Frachter geworfen. Das Boot wird vom Strand geschoben und tuckert in Richtung der großen, geschwungenen Brücke, die die Insel mit dem Festland verbindet. Dann bleibt der Blick an einer Stele aus rosafarbenem Granit hängen. Genau dort waren am 30. April 1945 die Soldaten der US Army gelandet und dort setzte der erste Kämpfer seinen Fuß auf die Plage de Gatseau. Die Befreiung Frankreichs hatte begonnen. Und sie hat auch dafür gesorgt, dass solch eine historische Stätte nicht bebaut, sondern als historisch bedeutsames Naturjuwel erhalten wurde. Einzig Wind und Wellen dürfen dieses wunderschönen Fleckchen Erde verändern.

TIPP

Seit 1963 rattert die Kleinbahn Le P'tit Train von Saint-Trojan-les-Bains durch Pinienwald zum Strand.

● Plage de Gatseau, 17370 Saint-Trojan-les-Bains

Zauberei im Sumpf

52

Unterwegs in den Kanälen des Marais Poitevin

Landunter: So sah es im Marais Poitevin einst aus. Anfangs war das gesamte Gebiet noch vom Atlantik überflutet. Doch je mehr sich das Meer zurückzog, desto mehr machten sich die Mönche daran, den sehr fruchtbaren Boden urbar zu machen. Sie bauten Deiche, Schleusen und Kanäle und entwässerten so die Sèvre Niortaise.

Nur in den Marais Mouillés ist der feuchte Sumpf noch erhalten und bildet dort den 32.200 Hektar großen Spreewald von Frankreich. Erlen, Eschen und Pappeln klammern sich mit ihren Wurzeln an das Labyrinth der Kanäle. Schwertlilien und Seerosen blühen. Lianen und Äste berühren fast die Fluten. Eine Entenfamilie mit Nachwuchs schwimmt vorbei. Dann taucht eine Bisamratte auf, schaut sich kurz um und verschwindet so schnell, wie sie gekommen war. Hinter dem urwaldartigen Grün öffnen sich Lichtungen mit Wiesen, Weiden und Feldern. Kühe und zottelige Poitou-Esel weiden dort in Eintracht. *Mogettes,* weiße längliche Lingot-Bohnen, waren einst die wichtigste Frucht auf den Feldern der Gemüsebauern.

Heute lebt der Marais vom sanften Tourismus. In Coulon, Magné und vielen anderen Orten an den Kanälen werden kunterbunte Kanus und Kajaks für Ausflüge auf eigene Fauste vermietet. In *plates,* den traditionellen Flachbooten des Marais Poitevin, starten die *bateliers* zu Törns und bringen mitten im Sumpf das Wasser zum Brennen. Für das sekundenschnelle Spektakel brauchen sie keine Zauberformel, sondern nutzen die Geheimnisse des Sumpfs. Alljährlich sinkt das Herbstlaub auf den Grund der Kanäle, zersetzt sich und bildet unter Luftabschluss Methan. Taucht der Bootsführer sein Paddel in eine solche Methantasche, lässt sich die Flamme mit dem Feuerzeug entzünden. Sie fackelt am Boot entlang und erlischt so schnell, wie sie entstanden ist. Besonders spektakulär ist dies bei Nachtfahrten. Dann vermischt sich das feurige Funkeln in Blau, Gelb und Orange mit dem Spiegelbild im Wasser. Ein magischer Moment!

TIPP

Der Parc aux Oiseaux von Saint-Hilaire-la-Palud stellt mehr als 80 Vogelarten und den Poitou-Esel vor.

● Embarcadère Prada, Place de la Coutume, 79510 Coulon, Tel. +33 (5 49) 35 97 63
www.embarcadere-prada.fr
● ÖPNV: Bus 22, Haltestelle Coulon

Der Stern des Marais

53 Das Festungsdorf Brouage

Wie ein steinerner Stern liegt die Zitadelle von Brouage im 16.000 Hektar großen Sumpf zwischen Rochefort und der Île d'Oléron. Es ist schwer vorstellbar, dass dieses Dorf in der Charente-Maritime, von Jacques Pons 1555 gegründet, damals tatsächlich am Ozean lag. Und doch war der wehrhafte Ort vor rund 500 Jahren einer der wichtigsten Häfen an der Atlantikküste. Umgeschlagen wurde das weiße Gold – Meersalz. Nur damit konnte man im Mittelalter Lebensmittel wie Fleisch, Fisch und Käse lange haltbar machen. Auf 8.000 Hektar wurde es rund um Brouage in Salzgärten geerntet, die einst Mönche angelegt hatten. Brouage stieg zur Salzkammer Frankreichs auf – und versorgte Nordeuropa. Besonders begehrt war das Salz bei den Kabeljaufischern, die vor Neufundland Speisefisch jagten. 200 Schiffe täglich wurden damals im Hafen von Brouage abgefertigt – aus Frankreich, aber auch aus den Niederlanden, England und Skandinavien. Während der Religionskriege stritten sich Katholiken und Protestanten um Brouage. Erst als Heinrich III. das Problem löste, indem er den Ort 1578 zur „königlichen Stadt" machte, hörte dies auf. Mit der Gründung des königlichen Arsenals von Rochefort verlor der Hafen ab 1666 seine Funktion. Scharenweise verließen die Einwohner ihre Stadt. Brouage fiel in einen Dornröschenschlaf. Und bewahrte so seinen einzigartigen Charme. Jeder Stein dieses Bilderbuchörtchens, das heute zu den schönsten Dörfern Frankreichs gehört, erzählt spannende Geschichten. Rot leuchten Geranien in Topfparaden vor weiß gekalkten Fassaden. Der helle Anstrich hält Insekten ab – und besonders Mücken. Das Blau der Fenster zitiert die Farbe des Himmels, das tiefe Rot der Dächer den Ton der Böden. Glatt poliert ist das Kopfsteinpflaster der Gassen, die nur Anwohner befahren dürfen. Ein Gürtel aus Wällen und Mauern, Bastionen und Bäumen umgibt das alte Dorf. Von dort oben schweift der Blick über den Stern im Sumpf hin zu farbigen Hütten: Brouage ist heute berühmt für allerbeste Austern!

TIPP

An der Marie-Mancini-Treppe beginnt die 2 Kilometer lange, aussichtsreiche Runde auf der Wehrmauer.

● Festungsdorf Brouage, Rue du Port, 17320 Marennes-Hiers-Brouage

LE GUETTEUR

Das himmlische Duo

54 Tourtière & Pastis: die Kuchen der Landes

Hm, dieser süße Duft von Zucker, Vanille, Rum und Armagnac, den die frisch gebackene *tourtière landaise* verströmt. Knusprig braun gebacken liegt sie bei Nathalie Saint-Genez von der Ferme Pourrion auf dem Backblech. Der Hof der Familie in Larrivière-Saint-Savin ist Backstube und Entenzucht zugleich – und hat seine Tore für Besucher geöffnet.

Kindheitserinnerungen werden dort wach. An das Knacken der Kruste, die unter den Händen krümelte, und das warme Gefühl, wenn das weiche Innere den Gaumen ausfüllte – mal pur, mal mit Äpfeln oder anderem Obst aus dem Garten. Viele Stunden vor dem Backen hat Nathalie den Teig zubereitet und ruhen lassen. Vorsichtig zieht sie ihn nun mit den flachen Fingerkuppen auseinander, bis er auf dem Betttuch die Tischplatte bedeckt, fein wie ein Brautschleier. Früher übergoss man nun mit einer Gänsefeder den Teig mit einem zuckrigen, hochprozentigen Sirup. Heute nimmt Nathalie einen Pinsel dazu, faltet den Teig, verteilt erneut sorgfältig bis in den letzten Winkel ihren buttrigen Armagnac-Rum-Vanille-Sirup, faltet den Teig erneut und legt ihn in die gebutterte Form. Ab in den Ofen!

Genauso himmlisch ist ein Frühstückskuchen aus dem Département Landes, der den Namen des beliebtesten Aperitifs im Süden trägt: *pastis landaise*. Für diese Brioche-Variante gibt es sogar eine eigene Backform, verrät Nathalie, schlägt den Hefeteig, bis er Blasen wirft. Sein Rezept hütet sie wie den Heiligen Gral. In jeder Familie des Département Landes wird es von der Mutter an die Tochter oder von der Großmutter an die Enkelin weitergegeben. Geschrieben auf einem einfachen, von der Zeit vergilbten Stück Papier oder fein säuberlich in das Rezeptheft der Familie eingetragen. Nur dies verrät Nathalie: Auch in diesen Teig kommt wieder etwas Rum – und auf die Haube Hagelzucker. „So kommt er morgens auf den Frühstückstisch. Besser kann ein Tag nicht beginnen!"

TIPP

Im Juli kürt Penne-d'Agenais ihre beste tourtière, im August feiert Tournon-d'Agenais den Kuchen.

● Ferme de Pourrion, 2176, Route du Tursan, 40270 Larrivière-Saint-Savin, Tel. +33 (5 58) 45 41 86

Sunset-Romanze am Strand

55

Andernos-les-Bains

Am schönsten ist es in Andernos-les-Bains am frühen Abend. Dann kehren die Austernfischer mit ihren Booten zurück in den Hafen, tuckern die Freizeitkapitäne in der mit Stangen markierten Fahrrinne heim und kreuzen die Segler schwungvoll vor der Küste im sanften Licht der tiefstehenden Sonne. Dann legt sich eine beschauliche Stille über das weite Bassin d'Arcachon, und am Strand werden die Decken ausgebreitet, Picknickkörbe abgestellt und erste Weinflaschen geöffnet. Der Apéro zum Sonnenuntergang ist in dem beliebten Badeort Kult. Wer nicht seine Füße in den Sand seiner Strände stecken mag, hofft darauf, in beliebten Strandlokalen und Beach Bars wie Fish Head einen Sitzplatz zu ergattern. Den Abschied des Tages bei Wein, Bier oder French Spritz zum Apéro hautnah zu erleben, lockt in Andernos-les-Bains nicht nur im Sommer, sondern bis weit in den Herbst hinein. Denn auch dann ist das Klima noch angenehm mild – und der Sonnenuntergang ein faszinierendes, einzigartiges Naturspektakel.

TIPP

Andernos-les-Bains ist eingebunden in ein 220 Kilometer langes Radwegenetz ohne größere Steigungen.

Andere spazieren zum *coucher de soleil* (Sonnenuntergang) lieber auf der Promenade den Strand entlang. Ihr Ziel ist die Jetée d'Andernos. 232 Meter lang ist die Seebrücke – und damit die längste des Landes! Bereits 1926 wurde sie erbaut – und hat mit ihren soliden Betonsockeln so manchen Sturm überlebt. Ihr weißes Holzgeländer lässt die Pier bei jedem Wetter leuchten. Von ihrer Spitze wirkt Andernos mit seinen nostalgischen Sommervillen und niedrig gehaltenen Ferienanlagen trotz allen sommerlichen Trubels wie eine charmante, beschauliche Sommerfrische. Aus den Dächern ragt der Kirchturm von Saint-Éloi heraus. Die romanische Kirche aus dem 11. Jahrhundert wurde auf den Fundamenten einer gallo-römischen Villa aus dem späten 4. Jahrhundert errichtet. Die bei der Ausgrabung gefundenen Gegenstände zeigt das Stadtmuseum in der Maison Louis David, einer imposanten Villa von 1895. Dort ausgestellt sind auch prähistorische Funde. Sie belegen, dass sich die Menschen schon in der Steinzeit in Andernos-les-Bains wohlfühlten.

- Strand von Andernos-les-Bains, Jetée Louis David, 33510 Andernos-les-Bains
- ÖPNV: Fähre, Haltestelle Andernos-les-Bains, April – Anfang November www.bateliers-arcachon.com, www.facebook.com/passemaree.fr; TER, Haltestelle Biganos Bahnhof; Bus 610, Haltestelle Andernos-les-Bains

Grenzenlose Freiheit

56 Fatbiking in La Palmyre

Im Süden die sanften Familienstrände der Côte de Beauté, geschützt von den Sandbänken der Baie de Bonne Anse. Im Norden die Côte Sauvage, die wilde Küste der Arvet-Halbinsel mit ihren Surferstränden und Dünenketten. Und landein ein fast 80 Quadratkilometer großer Pinienwald: Schon die Lage von La Palmyre ist einfach paradiesisch! Und hat doch einen ganz entscheidenden Nachteil. Mit gewöhnlichen Rädern lassen sich die maritimen Traumlandschaften nördlich der Gironde-Mündung kaum entdecken. Das Netzwerk an unbefestigten Routen und Wegen ist dafür zu sandig.
Umso besser geht es mit Fatbikes. Ultradicke Reifen, gemütlich breiter Sattel und Gepäckkorb, so stehen sie in La Palmyre in den Fahrradshops. Ein Knopfdruck, und der E-Motor springt an: grüne Power fürs Gelände! Der befestigte Radweg hinaus aus dem Ort hilft beim Einfahren – denn etwas ungewohnt ist das Radeln mit Fatbikes schon. Ein Schlenker – und hinauf auf den Waldweg. Butterweich gleitet das Rad über den Waldboden, nimmt Wurzeln ohne Murren, kommt an schlammigen Stellen nicht ins Rutschen. Der Wald endet an großen Dünen. Die elektrische Unterstützung eine Stufe hochgeschaltet, und schon saust das Fatbike die steile Passage zu den Salzmarschen der Küste hinauf. Je weniger man den Lenker führt, desto besser hält er die Spur. Am Rand der Salzsümpfe beweist das Rad, welch ein Alleskönner es ist: Schlamm, Wurzeln und Pfützen: kein Problem! Der Mut wächst, die anfängliche Angst beim Fahren weicht spielerischen Fahrmanövern, die Falte der Konzentration strahlenden Augen. Und nun hin zum Strand, ganz nah ran ans Meer. Das Rad saust über goldenen Sand. Gischt schäumt unter den Speichen. Die Reifenspuren malen Schlangenlinien, dann Blumen und Fische in den Sand. Kinderleicht geht das Strampeln. 15 Kilometer pro Stunde zeigt der Tacho bei Stufe 1, 20 Kilometer bei Stufe 2, 30 Kilometer bei der nächsten Stufe. Fatbiking ist wie Fliegen: ein grenzenloses Vergnügen, umbraust vom Meer und Salz auf der Haut. Herrlich!

TIPP

Zum Zoo de la Palmyre radeln: Er birgt vom Aussterben bedrohte Arten wie Säbelantilopen und sibirische Tiger.

- Fat Sand Bikes 17, 2–6, Chemin du Périgord, 17570 La Palmyre, Tel. + 33 (6 74) 58 17 70,
- April bis September und Schulferien, www.fatsandbikes17.com

Himmlisch logieren

57

Der Clos Réaud de la Citadelle von Blaye

Eine wuchtige Zitadelle von Vauban bewacht in Blaye das rechte Ufer der Gironde. Da ihre Kanonen mit 600 bis 800 Metern jedoch eine zu geringe Reichweite hatten, um den 3 Kilometer breiten Fluss abzudecken, bauten Vauban und sein Ingenieur François Ferry zwei weitere Festungen: das Fort Médoc am südlichen Ufer und das Fort Pathé auf einer Sandbank in der Mitte des Flusses. Dieses Trio schützte als *verrou Vauban,* Vaubans Riegel, Bordeaux wirkungsvoll vor allen Angreifern, die den Fluss hinaufkamen.

An den Ufern der Gironde klettern Weinberge die Hänge empor. Anders als im Médoc, wo sich die Weinbarone lange Zeit hermetisch abriegelten, ging es am rechten Ufer der Gironde immer traditionell offen und familiär zu. Das gefiel auch Helena und Fernando Silva, die 2016 rund zehn Fußminuten vom beschaulichen Zentrum von Blaye entfernt in einem ummauerten Anwesen aus dem 18. Jahrhundert ihr Gästehaus Clos Réaud de la Citadelle eröffneten. Fünf Zimmer birgt es, und jedes ist ein stilvoller wie kuscheliger Ort, der Gemütlichkeit und Komfort, modernes Design und nostalgisches Erbe so gekonnt vereint, dass man sofort dort einziehen und das Zimmer nicht mehr verlassen möchte. Herrlich ruhig ist es. Wer die Fenster öffnet, hört Vogelgezwitscher. 5000 Quadratmeter groß ist der Garten, gewachsen über Jahrhunderte. Zwischen Olivenbäumen und Zedern lädt eine steinerne Bank mit kunstvollen Schnitzereien auf der Rückenlehne zur Rast. Dann gibt das Grün den Blick auf den Pool frei, ein längliches Becken, groß genug für einige Schwimmzüge. Geschwungene Liegen laden am Rand zu Mußestunden ein. Doch die schönste Oase zum Auftanken und Entspannen versteckt sich hinter einem Seiteneingang im Erdgeschoss: der Spa-Bereich mit Sauna und großem Whirlpool. Hinein geht es nur mit Anmeldung: Wohlfühlen ganz privat, ohne fremde Gäste! Doch da klopft es. Helena schaut mit dunklem Wuschelkopf herein. Möchten Sie vielleicht ein Glas Champagner zum Blubberbad? *Oui, Madame!*

TIPP

Von Blaye führt eine 60 Kilometer lange Radroute an Dordogne und Gironde entlang nach Bordeaux.

● Clos Réaud de la Citadelle, 8, Rue des Maçons, 33390 Blaye, Tel. +33 (6 99) 44 43 34
www.closreaud-citadelle.com
● ÖPNV: Bus 201, Haltestelle Avenue Haussmann

Einfach mal schweben!

58

Die Escale Sensorielle von Salies-de-Béarn

Das Tote Meer scheint unendlich weit vom Südwesten Frankreichs und hat doch einen kleinen Bruder im Béarn: die Salzgrotte Cristal de Source. In den Thermen von Salies-de-Béarn inszeniert sie einen Wellness-Parcours durch die Welt des Salzes, der alle Sinne umschmeichelt. Sanftes Licht in wechselnden Farben begleitet diese *Escale sensorielle.* Sie beginnt im Aromatherapie-Saal, wo das Power-Wasser aus der Tiefe als warmer Dampf den Körper umhüllt. 26 Mineralien und Spurenelemente bergen seine Aerosole. Im Raum für Farbtherapie bedecken Salzkristallplatten die Wände. Die wechselnden Lichter wirken wohltuend auf die Lebensenergie, nicht durchs Angucken, sondern allein durch die unterschiedlichen Schwingungslängen des farbigen Lichts. Als größtes Organ unseres Körpers kann die Haut sie erkennen, aufnehmen und entsprechend der Farbwirkung weiterleiten, haben Biophotonenforscher herausgefunden. Das Hirn staunt, das Herz reagiert – tief ruhig bei Blau, freudig bei Orange. Im Halotherapie-Raum setzt sich die Salztherapie mit trockenen Aerosolen fort, die große Salzflächen abgeben, vollgepackt mit Salzen und negativen Ionen, die sich positiv auf die Stimmung und Gesundheit auswirken. Doch am schönsten ist Raum Nummer vier: die Totes-Meer-Lagune mit ihren wellenförmigen Holzbögen und Unterwasserlichtern, die alle Farben des Regenbogens spiegeln. Welch eine Einladung zur absoluten Entspannung! 300 Gramm Salz pro Liter birgt das kuschelig-kleine Becken – und ist damit so stark gesättigt, dass sofort der Zustand des totalen Schwebens eintritt, die Augen glücklich geschlossen. Dieser Zustand der Schwerelosigkeit ist ein einzigartiges und sehr luftiges Gefühl der totalen Entspannung, bei dem der ganze Körper ruht. Die Sinnesreise endet in der beruhigenden Wärme des Soleil Bleu-Raumes, wo Körper und Geist noch etwas entspannen können, ehe es zurückgeht in die Wirklichkeit. Und in der Altstadt hin zum Ursprung der Wellnessquelle.

TIPP

Die berühmte Quelle von Salies, Reine Jeanne d'Oraàs, sprudelt in der Tiefe der Place de la Trompe.

● Thermes de Salies-de-Béarn, Cour du Jardin Public, 64270 Salies-de-Béarn,
Tel. +33 (5 59) 38 10 11, Mitte Februar bis Mitte Dezember
www.thermes-de-salies.com

Gabelhappen an der Garonne

59

La Halle Boca in Bordeaux

Zwischen Bahnhof und Garonne entsteht in Bordeaux derzeit ein völlig neuer Stadtteil: Euratlantique. Inmitten der alten, kleinbürgerlichen Wohnhäuser und stahlblitzenden Bürohochhäuser versteckt sich ein himmlisches Genussreich: die Halle Boca. Sie gilt europaweit als eine der gelungensten Sanierungen von agroindustriellem Bauerbe in Frankreich. 1938 hatte Jacques Debat-Ponsan im Saint-Jean-Viertel von Bordeaux einen Schlachthof für Rinder und Schafe errichtet, 1990 brannte die alte Viehhalle teilweise ab. Als schönster Food-Court im Süden der Innenstadt erblühte sie 2018 zu neuem Leben. 1200 Glassteine holen Licht in die Halle.

An ihren Längsseiten laden drinnen elf Köche zur kulinarischen Weltreise: Axoa-Kalbseintopf aus Espelette oder Pizza aus Napoli? Baskische Pintxos-Tapas oder Burger? Japanisches Sushi oder lokales Seafood? Sobald eine Speise genussfertig zubereitet ist, vibriert der Beeper. Da bleibt Zeit genug, zwischendurch die Getränke zu besorgen. Ein *mur à bière* mit acht Hähnen lädt zum Selberzapfen von örtlichem Craftbeer. Bei der Bar Boca lockt Frankreichs Antwort auf den Aperol Spritz: ein French Spritz mit …? Probieren und erraten! Beim Caviste gibt es Wein aus Frankreich offen im Glas und in der Flasche. In einem Regal sind leere Glaskrüge gestapelt. Kühles Trinkwasser gibt es, wie in Frankreich allerorten üblich, kostenlos. Bargeld ist beim Bezahlen passé, cashless regiert: mit Smart Card, Handy oder Cashless-Karten, die zuvor an Kassen aufgeladen werden, um dann an allen Ständen frei zahlen zu können. In der Mitte der Halle stehen große Tische, an denen man sich niederlassen und entspannt schmausen kann. 350 Plätze gibt es drinnen – und weitere 300 Plätze draußen auf der Terrasse und in Lokalen wie Bibibap, Dagli Amici und Nangka.

Die Luft vibriert mit Gesprächen und Gelächter, und hautnah ist das besondere *Savoir-vivre* des Südwestens zu spüren. Nicht nur mittags, sondern bis spät in die Nacht – mit Karaoke, Sommertanz und Winterparty, Donnerstag-Quiz und DJ-Sets.

TIPP

Neben dem Food-Court erhebt sich am Ufer der Garonne La Méca, Bordeaux' Labor für aktuelle Kreation.

- La Halle Boca, 208, Quai de Paludate, 33800 Bordeaux
- ÖPNV: TER, Intercité, TGV, TGV Inoui, Haltstelle: Bahnhof Bordeaux Saint-Jean, dann 10 Minuten Fußweg

ST-GERMAIN
MARTINI

Wilde Wasser

60 Der Parc Aquasports von Pau

Der Gave hat Pau zu einem Mekka der Kanuten gemacht. Die natürlichen Stromschnellen im Stadtzentrum sind immer noch mit hängenden Slalomtoren ausgestattet. Die beiden Olympiamedaillengewinner der Hauptstadt des Béarn, Tony Estanguet und sein älterer Bruder Patrice, paddeln jedoch genauso gerne auf dem künstlichen Wildwasser einer fast zwölf Millionen Euro teuren Anlage im Süden von Pau. Sie befindet sich neben einem kleinen Damm flussaufwärts und nutzt das abgeleitete Flusswasser. Ist der natürliche Wasserstand des Flusses zu gering, holen Pumpen neues Wasser in die Anlage, die aussieht, als habe die Natur sie geschaffen. Der Beton der künstlichen Kanäle wurde mit großen Steinblöcken aus den Pyrenäen ausgekleidet, und auch die sichtbaren Flussumleitungen bestehen aus natürlichen Felsen, an denen sich Moos festgekrallt hat. Dicht rahmen hohe Bäume die Anlage ein. Per Knopfdruck verwandeln sich ihre ruhigen Fluten in tosende Wassermassen voller Strudel und Schwälle, Walzen und Wirbel. Ein Förderband bringt die Boote – und die Rafts – zurück an den Start.

2017 nahmen im Parc Aquasports mehr als 500 Athleten aus 57 Nationen an der Kanuslalom- und Wildwasser-Weltmeisterschaft teil. Seitdem finden dort immer wieder Wettkämpfe statt. Doch das Wildwasser ist nicht nur etwas für Profis, sondern auch ein Freizeitpark für die ganze Familie. Wer nicht nur von der Café-Terrasse dem Training von Profis, Nachwuchssportlern und Schülern zuschauen will, kann sich dort im Kanu oder Kajak auf die Trainingsstrecke der französischen Nationalmannschaft wagen, im Airboat durch das Wildwasser gleiten und Adrenalinkicks beim Rafting in knallig gelben Schlauchbooten oder in der *bouée* erleben, einem kreisrunden Ein-Personen-Miniboot mit Haltegriffen. Oder versuchen, das Wasser beim Stand-Up-Paddling zu meistern! Und nach dem bestandenen Abenteuer ein glückliches Prickeln am ganzen Körper spüren.

TIPP

Beim Champion Race im März muss ein waghalsiger 100-Meter-Parcours in 40 Sekunden geschafft werden.

Parc Aquasports, 39, Avenue de l'Yser, 64320 Bizanos, Tel. +33 (5 59) 40 85 44
www.parcaquasports.fr

Bottle Hive

Zen in der City

61 Bordeaux' Sanna von Jaume Plensa

2013 zeigte Bordeaux eine große Ausstellung mit Skulpturen des katalanischen Künstlers Jaume Plensa. Eine Figur schlossen die Einheimischen sofort in ihre Herzen: Sanna. Während alle anderen Werke abgebaut wurden, durfte das stille Antlitz der weiblichen Figur bleiben. Ein privater Sammler hatte es erworben – und aus Verbundenheit zu Bordeaux der Stadt für sieben Jahre den Nießbrauch gestiftet. Rostrot leuchtend schmückt Sanna seitdem die Place de la Comédie – und zaubert jedem, der an ihr vorbeigeht, ein Lächeln auf das Gesicht.
Seit 1980 arbeitet Jaume Plensa vorwiegend mit Recyclingmaterialien wie Bronze oder Kupfer. Und am liebsten mit Eisen, das er gießt und im Freien altern lässt. Mit jedem Jahr wurde auch Sanna schöner. Die schroffe Schönheit ihres Materials in Verbindung mit den feinen Linien setzt einen spannenden Kontrapunkt zur imposanten klassischen Architektur des Grand Théâtre und fügt sich perfekt ins Stadtbild ein. An der Kreuzung der Einkaufsstraße Rue Sainte-Catherine und Cours de l'Intendance verbreitet sie seitdem Gelassenheit im Trubel. Ende 2022 hätte Sanna Bordeaux verlassen sollen. Doch das hätte kollektive Trauer bedeutet – bei den Einheimischen wie den Touristen, die Sanna zum Instagram-Star gemacht haben. Die Stadt und der Sammler einigten sich: Sanna darf bis 2027 bleiben. Als die Entscheidung fiel, knallten Sektkorken zu Füßen des Kunstwerks.
7 Meter hoch ist Sanna, geschlossen sind ihre Augen. Wie im Traum, spielen sich bei ihr die Dinge im Inneren ab. Sie sieht nicht, wie die Passanten sie bewundern. Oder die Blicke von den Tischen der Bars und Cafés immer wieder zu ihr wandern, am Kunstwerk hängenbleiben und beim Apéro die Zeit außer Kraft setzen. Unaufdringlich ist sie nah, gesellt sich zu allen, die allein am Tisch ihren Petit Noir oder Pastis trinken, hält Zwiesprache und lässt doch die eigenen Gedanken träumerisch wandern. Das Gesicht ist der Spiegel der Seele, ist Plensa überzeugt. Und hat mit Sanna im Herzen von Bordeaux einen Ort der Meditation und der Muße geschenkt.

TIPP

Mehr Kunst aus aller Welt zeigt das CAPC Musée d'Art Contemporain.

● Sanna, Cour du Châpeau Rouge/Ecke Place de la Comédie
● ÖPNV: Tram C, D, Haltestelle Place de la Bourse oder Quinconces

MAHLER
MAHLER
FERET

Die magische Unterwelt

62

Die Rue du Hédas in Pau

Dunkel, dreckig und verrufen war es einst, das Hédas-Viertel von Pau, berühmt und berüchtigt für Betrunkene, Tagelöhner, Dirnen und Diebe. Nicht weniger als sieben Brücken überqueren diese Schlucht, in der einst der Bach Hédas floss. Sein Wasser war ein Quell für Mensch und Tier, sein Bett lieferte Sand, Lehm und Kies für den Bau von Häusern, Mauern und das Pflaster von Pau. Eng und verwinkelt war die Schlucht von Hédas im Herzen der Stadt, die einen Hügel begrenzte, auf dessen westlichem Ende das Schloss von Pau errichtet wurde.

Welch eine Kulisse, wie gemacht für meinen nächsten Film, musste sich damals der Hollywood-Regisseur Fred Zinnemann gedacht haben. Und drehte im Jahr 1963 dort seinen Klassiker „Behold a Pale Horse" (Deine Zeit ist um) mit Gregory Peck, Anthony Quinn und Omar Sharif in den Hauptrollen.

Bis heute folgt die Schlucht dem einstigen Bachlauf. Doch die Passage in der Unterwelt, die einst für Angst und Gänsehaut sorgte, ist heute ein sehr angesagtes Viertel voller Flair. 2018 hatte Pau nicht nur viel Geld, sondern auch reichlich Fantasie in die Hand genommen, die Anwohner mit ins Boot geholt – und den Hédas in eine grüne Oase mit Urban Gardening und lauter lauschigen Fleckchen verwandelt. Barrierefrei für alle. Auf dem Kinderspielplatz an der Place Récarborde sind ein Karussell und eine Schaukel für Rollstühle ausgelegt. Hinab in die schönste Unterwelt des Südwestens führen von der Oberstadt mehrere schmale Passagen und Treppenwege. Für Kinderwagen, Rad & Co. gibt es Aufzüge in der Rue des Cordeliers und an der Place d'Espagne. 1,5 Kilometer lang zeigt die Rue du Hédas zwischen dem Château de Pau und der Place d'Espagne völlig neue Perspektiven von Pau. Mehrere Cafés haben ihre Stühle hinaus auf die Passage gestellt, Bars wie L'Imparfait laden zum Apéro und Restaurants wie Jòïa Mâa und Paute zum genussvollen Schlemmen. Sobald es dunkel wird, verzaubert Street Art Lighting die Fassade und verwandelt den Hédas in einen magischen Ort.

TIPP

Mitte Februar feiert Pau im Hédas mit dem Carnaval Biarnés das größte Faschingfest von Nouvelle-Aquitaine.

● Hédas, Rue du Hédas, 64000 Pau
● ÖPNV: Bus F, Haltestelle Les Halles - Despourrins

Der Stengel der Engel

63

La Belle Étoile in Niort

Sobald die Sonne mit ihrem tiefstehenden Licht die Fassaden zum Leuchten bringt, ist es im Südwesten von Frankreich allerorten Zeit für den Apéro. In Niort erfand ein Franzose ein ganz besonderes Getränk zu solch einem geselligen Tagesausklang. Maxime Guignard hat von seinem Vater den Schlemmertempel La Belle Étoile am Ufer der Sèvre Niortaise übernommen und trendig mit einer Paletten-Garten-Bar erweitert. Monsieur ist durch und durch Genießer und als Koch ein kreativer Kopf am Herd wie an der Bar. Zudem gehört er zu den glühendsten Verfechtern einer Pflanze, die vor der Haustür im Schatten von Pappeln, an den Ufern der Sèvre Niortaise und überall im Marais Poitevin wächst: *l'Angélique,* Engelwurz.

Der Legende nach wurde die Pflanze im 12. Jahrhundert aus Skandinavien importiert. Ihre Kraft soll magisch sein. Sie soll Fieber heilen und Mäßigung in allen Dingen, einschließlich der Keuschheit, verleihen. Im Mittelalter soll der Ginseng aus dem Poitou sogar die Pest vertrieben haben. Überall in den mitteleuropäischen Klöstern wurde sie daher als Heilmittel angebaut. Damit es besser schmeckte, kamen Nonnen aus Niort auf die Idee, den grünen Sumpf-Engelwurz mit Zucker zu kandieren. Seitdem ist die Medizin die süße Spezialität der Stadt.

Maximes Schwester ist Vorsitzende eines Verbandes, der sich um die Vermarktung und den Verkauf der Pflanze kümmert, die ein wenig in Vergessenheit geraten war. Heute ist sie trendy, gilt als Superfood – und wird in den Markthallen als roh, als Confit und selbst als Salbe verkauft. Maxime wurde beim Knabbern von Engelwurz zu einem Cocktail inspiriert. Sein Angélique ist ein Milk Punch, gemixt aus Gin, Engelwurz-Likör, Süße und Säure. Dass er so klar im Glas funkelt, liegt an der Magie der Mich: Sie filtert alle Trübstoffe heraus. Dazu Eiswürfel ins Glas, eine weiße Blüte als Deko, ein Trinkhalm aus Bambus und frisch probiert. Ein Sommerdrink *par excellence,* vollgepackt mit Frische, den Aromen der Region und einem kleinen, klaren Kick. *Santé!*

TIPP

Seit 2017 ist der gesamte Nahverkehr in Niort kostenlos. Alle Buslinien, auch die kleine City-Navette, sind gratis.

- La Belle Étoile, 115, Quai Maurice Métayer, 79000 Niort, Tel. +33 (5 49) 73 31 29
- ÖPNV: Bus 4, Haltestelle Verrerie

Einmal baskisch leben!

64

Das Hôtel Arcé in Saint-Étienne-de-Baïgorry

Weiße Steinhäuser mit roten Fensterläden rund um eine Kirche mit strengem Glockenturm und verspielten Rundtürmchen, eine wuchtige Steinbrücke über einem rauschenden Forellenbach und alles eingerahmt von den Grenzbergen zu Spanien: Étienne-de-Baïgorry ist ein typisch baskisches Pyrenäendorf, das in der Gegenwart lebt und das Erbe von einst mit Stolz bewahrt. Vor seinem Château d'Etchaux weiden Schafe und ziehen im Sommer auf jene Almen, die dem Ossau-Iraty-Käse seine typischen Aromen verleihen. Durch die Kastanienwälder tollen halbwilde Schweine, deren Fleisch im Schatten der Veranden zu köstlichem Schinken reift. In den Hausgärten tragen knorrige Apfelbäume süße, kleine Äpfel aus alten Sorten.

Und genau in diesem Idyll der Basse-Navarre eröffnete die ansässige Familie Arcé vor sechs Generationen ihren Gasthof in einem typisch baskischen Anwesen, das sich beiderseits der Nive des Aldudes erstreckt. Heute ist das Hôtel Arcé eine Institution und gehört zu jenen Traditionshotels, in denen die Franzosen mit der Familie den Urlaub verbringen. Und Stammgäste werden. Denn bei Christine, Coline und Pascal Arcé fühlt sich jeder sofort wohl. Und wird rundherum verwöhnt. Das beginnt bereits mit der ganz persönlichen Note der 22 Zimmer am Fluss oder Berg. Mal ist das Interieur nostalgisch, kuschelig klassisch oder voller Biedermeier-Charme. Dann flirtet es mit den Fifties – oder gleicht einer grünen, stylisch-gemütlichen Höhle wie Zimmer Nr. 24. Die Wände schmücken Gemälde baskischer Maler wie Pablo Elizaga, der das baskische *Savoir-vivre* feiert. Sie schmücken auch den Trinquet. 1962 verwandelten Pascals Eltern, Émile und Nicole, die einstige Spielhalle für den baskischen Ballsport Pelota in einen Speisesaal mit 60 Plätzen. Wenn da der Wein aus Irouléguy samtig im Glas schimmert, Pascal eine Forelle frisch aus dem Fluss holt und als *truite bleue* auf wasserblauem Steingut serviert und eine sahnige *crème brûlée* das Mahl beschließt, fühlt sich jeder Gast wie Gott in Frankreich!

TIPP

Wer einmal sein Talent bei der Pelota versuchen möchte: Es gibt im Dorf eine Fronton-Spielwand!

● Hôtel Arcé, Route du Col d'Ispeguy, 64430 Saint-Etienne-de-Baïgorry, Tel. +33 (5 59) 37 40 14, März bis Dezember, www.hotel-arce.com

Alles im Fluss

65 Die Gabares von Sainte-Simon

Jahrhundertelang prägten sie die Schifffahrt auf der Charente: die *gabares*. Im 17. Jahrhundert war das ganze linke Ufer mit Bau- und Reparaturwerkstätten für die Lastschiffe belegt. Alle Handwerksberufe des Ortes waren dort tätig – vom Schmied bis zum Zimmermann, vom Segelmacher bis zum Brettschneider. 20 Mann waren beim Bau einer *gabare* im Einsatz. Die Schiffe, die sie auf den Kiel legten, waren abgestimmt auf die Charente. Der angehobene Bug erleichterte die Passage der Schiffsdurchlässe, der schlichte Mast in der Mitte das Treideln. Für die Mannschaft gab es am Heck einfache Holzkabinen. 1906 lief die letzte *gabare* in Saint-Simon vom Stapel. Sie war ausladend wie ein Küstenschiff und konnte dank ihrer zwei Segelmasten auch im Mündungsbereich der Charente navigieren.

Doch die Bahn hatte längst die Binnenschifffahrt überflügelt. Eine ganze Industrie, die seit dem Mittelalter für Wohlstand gesorgt hatte, fand ein Ende. Saint-Simon starb. Bis Bürgermeister Jean-Jacques Delâge kam, Poller für Hausbootkapitäne ans Ufer setzte und ein Museum zur Geschichte des Lastkahns einrichtete: die Maison des Gabarriers. Drinnen animieren Ton und Film eine Sammlung, die Monsieur le Maire (der Bürgermeister) in vier Dekaden zusammengetragen hat: Baupläne, Modelle und Fotos von den Charente-Schiffen sind dort zu sehen, Werkzeug und Alltagsgeräte aus dem Leben der Flussschiffer. Delâge machte Saint-Simon zum Village des Gabarriers. Nicht nur museal, sondern ganz aktiv mit allen Sinnen lässt es sich erleben. Direkt am Anleger beginnt ein Stadtrundgang auf den Spuren der *gabare*. Gleich daneben ist die „La Renaissance“ vertäut. Sie ist der originalgetreue Nachbau eines Lastkahns aus dem 18. Jahrhundert, gefertigt von dem von Jean-Jacques Delâge gegründeten Denkmalschutzverein. Als *bateau-musée* (Museumsboot) lässt es die große Zeit der Flussschifffahrt aufleben. Dann legt La Charente zum Törn ab, und La P'tite Gabare serviert Schifferküche am Stadtplatz. Das Village des Gabarriers von Saint-Simon: ein Füllhorn an Erlebnissen!

TIPP

Bereits 1840 wurde die Écluse de Juac erbaut, die typisch ist für die kleinen Schleusen der Charente.

● ÖPNV: TER, Haltestelle Bahnhof Châteauneuf-sur-Charente (7,5 km)

Gold im Glas

66 Der Clos Lapeyre im Weinbaugebiet Jurançon

Gyk heißt der Hund von Jean Bernard Larrieu, der dem schlaksigen Südfranzosen mit wuscheligem Blondschopf und verschmitztem Lächeln auf Schritt und Tritt folgt. Gyk… klingt das nicht fast wie Glück? Und jenes scheint der Winzer aus dem Jurançon bei allem, was er tut, zu haben. 1965 wurde er auf der Hofstelle seiner Familie bei La Chapelle de Rousse geboren. Damals wuchsen dort noch Himbeeren, Erdbeeren und viel Gemüse auf den Hängen. Wein wurde nur für den Hausgebrauch angebaut.

Heute erstrecken sich die Weinberge des Clos Lapeyre über 18 Hektar. Gros Manseng, Petit Manseng, Courbu, Camaralet und Lauzet reifen dort an Spalieren, die mitunter mehr als 2 Meter hoch sind. Wo die Hänge besonders steil sind, wachsen die bis zu 100 Jahre alten Stöcke auf Terrassen. „Plus c'est vieux, plus c'est bon", sagt Jean-Bernard stolz und blickt über den Bio-Weinberg vor seiner Haustür. „Je älter, desto besser." Anfang Oktober beginnt die Lese. Dann zieht Jean-Bernard mit seinen Helfern hinaus und erntet die Trauben per Hand. Im Keller vinifiziert er daraus vier trockene Weißweine sowie, je nach Jahrgang, drei bis vier Süßweine. Im Fasskeller gelangen sie zur Reife. Doch beim Kellerbesuch darf man schon einmal kosten, welch schönes Gewächs sich da entwickelt. Mit langen Pipetten zieht Monsieur Proben. *Dégustez* – kosten Sie!

Goldgelb leuchtet der Wein im Glas. Sanfte Pfirsich-, Birnen- und Vanillearomen erobern erst die Nase, dann den Gaumen. Sie erzählen den Sinnen vom *terroir* des Jurançon: von der Härte der Berge und der Sanftmut des Meeres, dem Altweibersommer und dem Südwind, der die Pyrenäen am Horizont zum Greifen nah heranholt. Monsieur sieht die Verzückung, schenkt nach und schickt dann seine Besucher hinaus auf die Jurançonada. Die etwa einstündige Weinwanderung führt durch die Weinberge von Clos Lapeyre und des benachbarten Weinguts Camin Larredya. Unterwegs erzählen 14 Podcasts Wissenswertes über den Weinbau im Jurançon. Was für eine tolle Weinprobe!

TIPP

Größter Jurançon-Keller ist die Genossenschaft in Gan. Ihre Cave de Jurançon lädt zum Besuch.

● Clos Lapeyre, 257, Chemin de Couday, La Chapelle de Rousse, 64110 Jurançon, Tel. +33 (5 59) 21 50 80, www.jurancon-lapeyre.fr

Eine Sommerliebe

67 Die Halbinsel Cap Ferret am Bassin d'Arcachon

Schnurgerade ist der Küstenstreifen der Côte d'Argent. Doch auf halber Höhe hat das Küstenflüsschen Eyre einen Durchbruch gegraben, und eine riesige Landzunge schützt das 250 Quadratkilometer große Bassin d'Arcachon vor der Brandung des Atlantiks. Jahrmillionen war dieses Dünenland in XXL dem Spiel von Wind und Wellen ausgesetzt, ehe Napoleon III. in einer riesigen Aufforstungsaktion mit Millionen von Pinien dem Sandflug ein Ende setzte.

Das Cap Ferret, vorher fest in der Hand der Natur und einiger Fischer, wandelte sich zur Sommerfrische und Wochenendflucht von Stadtmenschen. Ihre bevorzuge Wohnadresse sind die *44 hectares* am Kap. Das 44-Hektar-Gebiet erstreckt sich vom Ende der Conche und dem Beginn des Mimbeau bis hin zur Spitze von Cap Ferret (Mirador). Dort ist alles Natur, im Geist der Umgebung wie in der Architektur, die aus hölzernen *cabanes* (Häuschen) oder Domizilen bestehen, die kaum im Grün zu sehen sind. Die Straßen sind allesamt Tempo-30-Zonen, man spaziert oder radelt. Weit reicht der Blick über die Bucht von Arcachon, und das Auge kann sich nicht sattsehen am ständig wechselnden Licht, dem Spiel der Wolken und den Farben des Wassers zwischen Blau und Grün. Die Lippen schmecken nach Salz. Die Luft riecht satt nach Pinie. Frankreichs Medien feiern das Cap Ferret als Saint-Tropez der Atlantikküste. Doch es ist genau das Gegenteil. Statt auf Schicki-Micki, Showbiz und Trubel setzt Cap Ferret auf Natur und die Rückkehr zu den Wurzeln.

Der Geist des Kaps der 1950er-Jahre ist dort heute so lebendig wie nie zuvor. *Vivons heureux, vivons cachés* – Leben wir glücklich, leben wir versteckt. Und wie viele dieser Maxime folgen, zeigt sich vom Wahrzeichen des Cap Ferret. Rot-weiß geringelt reckt sich der Leuchtturm in den blauen Himmel. 258 Stufen führen hinauf zur Plattform in 50 Metern Höhe. Von dort oben eröffnen sich 360°-Panoramablicke über das Bassin, die Halbinsel und den Atlantik. Wie friedlich wirkt von dort diese Welt. Das stille Glück eines Sommers.

TIPP

Der Fischfang hat das alte Dorf L'Herbe am Cap Ferret geprägt. Heute ist es ein nationales Kulturgut!

● Cap Ferret, 33950 Lège-Cap-Ferret

● ÖPNV: Fähre: Haltestelle Andernos-les-Bains, dann Bus 601, Haltestelle Lège-Cap Ferret; Bahn: TER, Haltestelle Biganos Bahnhof, dann Bus 610, Haltestelle Andernos-les-Bains, dann Buslinie 601, Haltestelle Lège-Cap Ferret

Ein Prosit auf den Turm!

68 La Terrasse de la Chaîne in La Rochelle

Die leichte Brise, die jodhaltige Luft und das Plätschern der Wellen: Mit allen Sinnen weckt der Alte Hafen von La Rochelle die Sehnsucht nach dem Meer. Er ist die Seele der Ville Blanche, der weißen Stadt an der Atlantikküste von Charente-Maritime. Fünf Jahrhunderte lang – vom 12. bis 17. Jahrhundert – war La Rochelle eine blühende Handelsstadt, die von der französischen Krone recht unabhängig war. Bis zu jenem denkwürdigen Jahr 1628, als die letzte Hochburg der Hugenotten fiel und König Ludwig XIV. sämtliche Verteidigungsanlagen schleifen ließ. Stadt und Hafen waren nun für „jeden Ochsenkarrren zugänglich".

Einzig drei Türme, die den Eingang zum Alten Hafen von La Rochelle bewachten, überlebten – und sind seitdem die Symbole der quirligen Stadt. Die Tour de la Laterne ist mit 55 Metern der höchste, die Tour Saint-Nicolas das Werk der Fee Melusine. Als sie mit den Steinen eines zerstörten Schlosses über La Rochelle flog, riss ihre Schürze. Beim Herunterfallen stapelten sie sich zum St.-Nikolaus-Turm. Er erhebt sich gegenüber der Tour de la Chaîne. An diesem Turm aus dem 14. Jahrhundert wurde abends die berühmte Kette befestigt, die jede Nacht die Hafeneinfahrt für Schiffe verschloss. Heute verwandelt sich der einstige Kettenturm jeden Sommer in die schönstes Pop-Up-Bar der Stadt. Aus den Hähnen fließt süffiges Craftbeer; im Weinschrank lagern trockene Landweine in Weiß, Rosé und Rot der IGP Vin de Pays Charentais. Doch der Klassiker zum Aperitif ist der Pineau de Charente, ein hochprozentiger Mix aus Cognac und Traubensaft, der in Eichenfässern reift. Der weiße Pineau entfaltet Aromen von Honig und Gewürzen. Der roséfarbene Pineau ist fruchtiger. Dazu ein paar Oliven, etwas Käse, zarter Schinken, deftige Hartwurst oder andere lokale *charcuterie* und auf die Stehhocker entlang der Brüstung gesetzt. Kosten, knabbern, die Brise spüren und schauen: auf das Gewusel am Hafen aus 38 Metern Höhe, begleitet vom Konzert der Masten, Gespräche und Gelächter. Leben spüren.

TIPP

Nur französischsprachige Künstler treten bei Les Francofolies im alten Hafen von La Rochelle Mitte Juli auf.

● La Terrasse de la Chaîne, Tour de la Chaîne, 17000 La Rochelle

Radel-Wonnen am Atlantik

69

Die Radfernroute Vélodyssée

Sie wurde mehrfach zu den schönsten zehn Radrouten der Welt gewählt und ist die bestausgebaute Fernradstrecke Frankreichs: die Vélodyssée. Als Eurovélo 1 führt sie im Hexagon von Roscoff in der Bretagne bis nach Hendaye an der Grenze zu Spanien und beschert mit jedem Kilometer höchste Radel-Wonnen am Atlantik. Die Hälfte dieser Traumroute verläuft im Südwesten – und sorgt 650 Kilometer lang für unvergessliche Eindrücke und Erlebnisse. Perfekt für einen Drahtesel-Urlaub mit der ganzen Familie ist das 400 Kilometer lange Teilstück Royan – Hendaye. Schippern statt strampeln heißt es zum Auftakt: Die Flussfahrt über die Mündung der Gironde stimmt so richtig auf den Süden ein! Stadt, Hektik und Alltag weichen zurück. Anlegen, rauf aufs Rad und rein in die Dünenwälder mit ihren duftenden Kiefern, die bis zum Adour nun den Weg begleiten, vorbei an Küstenseen wie Léon und Lacanau, Badestränden wie Chambrette, Vivier und Ilbarritz und Seebädern wie Soulac oder Châtelaillon. Austern schlemmen am Bassin d'Arcachon, und dann hochsteigen zur Düne von Pilat, Europas höchstem Sandberg. Als kleine, schwarze Punkte tanzen Surfer auf den Wellen des Atlantiks. Wie wär's, einmal das Rad gegen das Board zu tauschen und in Biscarosse, Mimizan, Contis oder Hossegor selbst einen Ritt auf den Wellen zu wagen? Adrenalinkicks oder Auszeit in der Natur: Das ist nun jeden Tag die Frage auf der Vélodyssée. Schön, diese beiden Optionen! Jenseits der Brücke über den Adour lockt ein Stadtbummel: Bayonne, Hauptstadt des Baskenlandes und Heimat von Hochgenüssen – Schokolade, Bayonne-Schinken, Pintxos und Cidre. Goldgelbe Sandstrände wechseln nun mit den Kaps einer Felsküste, die herrliche Ausblicke auf die Côte Basque und Biarritz eröffnen. Nun fordert die Velodyssée Kondition, schwingt sich über Klippen, klettert hinauf zu malerischen Baskendörfern wie Bidart, saust hinab zu Häfen und holt am Horizont die Pyrenäen immer näher heran. In Hendaye heißt es: *au revoir.* Zwei Wochen lang servierte die Velodyssée im Südwesten Hochgefühle am Atlantik!

TIPP

Ganz entspannt lässt sich die Vélodyssée mit E-Bikes beradeln. Mit Fatbikes ist sogar Beachbiking möglich!

● Vélodyssée, von Royan bis nach Hendaye, www.lavelodyssee.com

Junge Kunst in alten Hütten

70

Das Village d'Inspiration des Peintres

Vor windschiefen, wettergegerbten Hütten aus Holz sind die grobmaschigen Metallsäcke ordentlich gestapelt, in denen die Austern monatelang im Meer reifen. Ihre Schalen leuchten hell und scharfkantig überall auf: nicht nur im Eimer, sondern auch auf den Wegen, im Gras, im Schlick, überall. Der modrige Duft von Fisch und Schlick vermischt sich mit der salzigen Brise. Seit Jahrhunderten lebt die Insel Oléron im Rhythmus der Austern, und ein wenig gilt dies immer noch für Saint-Trojan, das heute als Seebad verstärkt sanften Tourismus und Kultur fördert – und aufgegebene Arbeitshütten der Austernfischer als Ateliers an Kreative vermietet. Kunterbunt leuchten ihre *cabanes* am Kai.

Seit 2016 bilden sie das Village d'Inspiration des Peintres. Der alte Austernhafen ist heute – auch – ein Künstlerdorf. Mehr als ein Dutzend Künstler haben inzwischen Werkstätten, Ateliers und Galerien eröffnet. Im April/Mai beginnt die Saison, Ende September schließt die letzte Ausstellung. Workshops für Kinder und Erwachsene bereichern das Programm. Einige Künstler sind jedes Jahr dabei, einige nur für eine Saison oder Ausstellung. So bleibt es spannend, und man kann jedes Jahr etwas Neues entdecken. Immer mit dabei ist Caroline Minassian, die im Département Charente-Maritime daheim ist. In ihrer Galerie zeigt sie emaillierte Terrakotta. Fast alle Werke sind Unikate, reduziert auf Form und Farbe wie bei Matisse, dann als Traumwesen und Tiere, entsprungen der Mythologie, fremd wie Märchen. Klänge aus dem Unterbewussten, eingefangen in Keramik.

Arbeiten rund um das Meer, den Strand und das Segeln stellt Fabio aus. Er arbeitet in der Cabane Bleue, der blauen Hütte. Und ist mit seiner Kunst längst den Spuren der Austern gefolgt, ist ins Wasser gegangen, wie seine Vogel-Fisch-Skulptur im Bassin de Chasse verrät. Jeder Künstler ist einzigartig, jede Begegnung eröffnet neue Horizonte. Die Künstlerparade am Austern-Kai: pulsierende Kreativität, die inspiriert!

TIPP

Im Februar feiert Saint-Trojan-les-Bains seine Fête du Mimosa zu Ehren der leuchtend gelben Blüten.

● Le Port, 17370 Saint-Trojan-les-Bains

● Fußgänger- und Fahrradfähre Bateaux Passeur 17 von La Tremblade nach Saint-Trojan-les-Bains, Juli bis September

LE GALIS

Blaue Super-Power

71

Die Algenfarm Spiruline de la Pointe Argenté

In vier großen, länglichen Becken wabert es grün. Mal ist das Wasser jadefarben, mal froschgrün, dann blaugrün wie ein Smaragd. Eine Pumpe führt regelmäßig Sauerstoff in die Becken. Joël Villeneuve taucht ein Sieb hinein und fischt winzige Punkte ab, die wie Pollen auf der Wasseroberfläche in einem Gewächshaus schwimmen. Er sieht das Staunen seiner Besucher – und strahlt über das ganze Gesicht. „Das hier ist ein Superfood – und 3,5 Milliarden Jahre alt: Spirulina!" Alljährlich von Mai bis Oktober wird die einzellige Cyanobakterie geerntet, mit Sonnenenergie getrocknet und zu länglichem Granulat gepresst, das Monsieur nun zum Verkosten reicht. Die kleine, blaue Alge überrascht mit völlig neuen Aromen, passt zum Salat wie zum Smoothie, in den Kuchen wie auf Käse. Die Weltgesundheitsorganisation WHO nennt die Spirulina das beste Nahrungsmittel der Welt nach der Muttermilch.

Die Mikroalge hat im Gegensatz zu Pflanzen keine Zellwände. Dadurch gelangen ihre Nährstoffe bei der Verdauung sofort in die Magensäfte. Sie besteht zu 65 Prozent aus Eiweiß und enthält all jene wichtigen Aminosäuren, die normalerweise nur in Fleisch zu finden sind. Hinzu kommen Omega-6-Fettsäuren, Oligo-Elemente wie Zinn, Selen, Eisen, Kupfer, Chrom, Mangan, Mineralien wie Kalzium, Magnesium, Phosphor, Potassium, Sodium und die Vitamine A, B1, B2, B3, B6, B9, B12 und E. „Nur 1 Gramm der Alge enthält so viele nützliche Stoffe wie ein Kilogramm an Gemüse!" Voller Leidenschaft stellt Joël Villeneuve seine Aquakultur im Médoc vor und eröffnet faszinierende Einblicke in eine neue, nachhaltige Landwirtschaft, die unsere Ernährung prägen wird. „Hier können Sie Zukunft kosten!" freut sich der Franzose. Jeden Mittwoch verkauft er auf dem Markt von Saint-Vivien-de-Médoc seine blaue Super-Power. „Ein Teelöffel pro Tag sorgt für Wohlbefinden und Vitalität", sagt Joël. Auch die EU ist davon überzeugt und finanzierte die Spirulina-Anlage. Eine Stunde lang dauert ihr Besuch, ein Leben lang ihre positive Wirkung.

TIPP

Im Algendorf verleiht das Kayak Café Kajaks zum Entdecken des Chenal du Gua.

- Spiruline de la Pointe Argenté, 24 b, Route du Port, 33590 Saint-Vivien-de-Médoc, Tel. +33 (6 37) 80 82 79
- ÖPNV: Bus 713, Haltestelle Saint-Vivien-de-Médoc

Fischsuppe schön feurig

72

Der Ttorro von Chez Mattin in Ciboure

Seeteufel, Seehecht, Langusten und Muscheln: Mit Schwung wandern sie bei Michel Niquet in den großen Kochtopf. Dazu noch Paprikaschoten in Rot und Grün, Zwiebel und Knoblauch, allesamt aus dem baskischen Umland, lokal und bio. Und das Ganze abgelöscht mit Weißwein und Cognac: *Ttoro* (ausgesprochen: Tschoro) ist die südwestfranzösische Antwort auf die Bouillabaisse der Provence. Statt mit Safran wird die legendäre Fischsuppe der Basken mit dem pikantscharfen Piment d'Espelette gewürzt. Doch bevor der Küchenchef ihn hineingibt, fragt er erst den Gast – denn Frankreichs schärfster Chili sorgt für Feuer im Ttorro! Die Einheimischen schwören drauf, die Besucher verzichten meist.

Doch Fremde sind ohnehin selten bei Chez Mattin zu Gast. Die Wirtsstube liegt nicht an der Laufmeile der Touristen, sondern etwas den Hang hinauf in der Altstadt in einem alten, traditionellen Wohnviertel. Dort erfand der Vater des heutigen Inhabers Beñat Toyos, die Cibourer Fischsuppe. Michel Toyos betrieb im historischen Croix-Rouge-Viertel einst einen Krämerladen. Dort kauften die Hochseefischer die Vorräte für ihre langen Fangreisen. 100 Schiffe zählte damals die Flotte von Ciboure – und eine Fischereibasis in Dakar. Ihren Einkauf bezahlten die Seeleute bei der Rückkehr mit der *godaille,* und damit mit all jenen Fischen, die der Fischermeister seinen Männern nach getaner Arbeit als Teil des Lohns überließ. Michel Toyos kochte daraus eine Fischsuppe und nannte sie *Ttoro.* Anfangs verkaufte er sie noch im Laden. Doch die Nachfrage war so groß, dass sich die *épicerie* in den 1970er-Jahren zum Restaurant Chez Mattin wandelte. Unter wuchtigen Holzbalken sind seitdem die braun lackierten Holztische eingedeckt mit baskischem Geschirr in Blau-Weiß-Rot. Kupferpfannen und alte Drucke sorgen für einen charmanten Retro-Touch. Hier zu speisen, heißt, für die Dauer eines Mahls einzutauchen in eine andere Welt, Zeit und Raum zu vergessen und einfach nur zu genießen. *Bon appétit!*

TIPP

Sonntags gastiert ein Wochenmarkt mit vielen lokalen Produzenten auf der nahen Place Camille Jullian.

● Chez Mattin, 63, Rue Evariste Baignol, 64500 Ciboure, Tel. +33 (5 59) 47 19 52
www.chezmattin.fr

Magma

Safari-Feeling am Atlantik

73

Der Camping de l'Océan von Carcans

Fast straucheln die Füße im weichen Sand. Eine sanfte Brise weht vom Meer, tosend kracht die Brandung an den breiten Strand, der kein Ende zu haben scheint. Sylt in XXL, noch imposanter als die Westküste Jütlands. *Bienvenue* in Carcans-Plage an der Silberküste von Nouvelle-Aquitaine. Sein Star ist das Meer. Eine Urgewalt, weit, groß, offen und verlockend. Der Atlantik. Überraschend frisch sind seine Fluten. Die tiefstehende Sonne lässt den Sand golden leuchten. Im Schutz der Dünen setzen sich Strandläufer in den Sand, hüllen sich in eine Decke und schauen zu, wie die Sonne im Meer versinkt und der Tag sich verabschiedet. Erst wenn es völlig dunkel ist, überqueren sie die Dünen auf einem Holzbohlenweg.

Wo er endet, hat der Camping de l'Océan für Zelt, Wohnwagen und Wohnmobile 447 großzügige Stellplätze im Herzen des Küstenwaldes eingerichtet. 9 Hektar groß ist das hügelige Gelände. Mobilheime und Wasserlandschaften mit Swimmingpools, Planschbecken und Spa fehlen. „Einfach natürlich" ist seit mehr als 30 Jahren hier die Maxime: Ozeanbrise in den Bäumen, den Sand unter den Füßen und Platz zum Leben. Alte, hohe Strandkiefern spenden Schatten, lassen aber das Licht durch und die Strahlen im Grün tanzen. Und genau dort stehen auch einige Safarizelte, die rustikales Camping zum Glamping machen: Wohlfühlurlaub im Zelt. Fast 35 Quadratmeter groß ist das Modell „Kenia" mit zwei Schlafzimmern, kleinem Wohnzimmer, Küchenzeile mit Gaskochstellen, Kühlschrank und großer Terrasse mit Holzmöbeln. Die Betten sind breit, mit richtigen Matratzen versehen und kuscheligen Steppdecken. Sogar Steckdose und Nachtlicht gibt es im Zelt! 200 Meter entfernt brandet der Ozean. Das Meeresrauschen verbindet sich mit dem Gezwitscher der Vögel. Keine abendliche Animation, keine Camping-Disco stört die Ruhe, die keine Stille ist. Ein Eichhörnchen huscht vorüber. Dann fällt ein Pinienzapfen herab, rollt durch das Gras und bleibt vor dem Zelt liegen. Als Souvenir wandert er in die Reisetasche.

TIPP

Eine Stärkung gibt's bei Le Galipo am Beginn der kleinen Strandshoppingzone. Seine Salate sind legendär.

- Camping de l'Océan, 1, Rue du camping, 33121 Carcans, Tel. +33 (5 56) 03 41 44 www.camping-carcans-ocean.com
- ÖPNV: Bus 710, Haltestelle Maubuisson; ab dort Leihwagen, Leihrad, Taxi oder 4,5 Kilometer Fußweg

Das versteckte Juwel

74 Der Glockenturm des Prieuré de Mimizan

Im 10. Jahrhundert kamen die Benediktiner nach Mimizan, das heute wenig an frühere Zeiten erinnert. Eine Papierfabrik produziert aus dem Holz der Forêt des Landes Öko-Packpapier; in Mimizan-Plage pulsiert Urlaubstrubel am Strand und in seinen berühmten Wellen. Im Herzen des alten Dorfes erbauten die Mönche ihre Abtei. Immer wieder buddelten sie sie aus dem Sand aus, den die Winde vom Atlantik unablässig von den Dünen holten und rund um ihr Kloster anhäuften. Eine Sisyphusarbeit – und schließlich aufgegeben. Die Abtei verfiel, das Dorf zog ostwärts. 1887 wurde die Abtei abgerissen. Einzig der schon arg in Mitleidenschaft gezogene Glockenturm am Ortsrand überlebte. Er gehört heute zum Weltkulturerbe – als Juwel der Romanik am Jakobsweg. Achtlos jedoch braust der Verkehr am *clocher-porche* vorbei ans Meer. Denn von außen gibt er sein Geheimnis nicht preis.

Erst, wenn die Führerin des Abteimuseums den Schlüssel im Schloss umgedreht hat und im Viereckssturm das Licht einschaltet, ist sein Schatz zu sehen. Überreich ist die Westfassade mit Fresken und Figuren geschmückt. Geradezu trunken wird das Auge vom Schauen auf jene in Stein gehauene und gemalte christliche Szenen, die ab 1220 das meist leseunkundige Volk im Glauben unterrichteten. Bunt mischen sich heidnische und biblische Elemente. Berührend lebendig und lebensecht stellt das Portal törichte und weise Jungfrauen dar. Neben den elf Propheten des Alten Testaments spielt König David auf der Harfe. Darüber begleiten Tierkreiszeichen all jene Skulpturen, die den Arbeitsalltag im Jahreslauf darstellen. Man schaut, staunt und vergisst die Zeit. Die liebevoll wie mitunter naiven Darstellungen berühren – besonders in der Apostelgalerie über dem Portal. Bei der Restaurierung der polychromen Statuen aus dem frühen 13. Jahrhundert jedoch passierte dem Handwerker ein Malheur. Er setzte sie in falscher Reihenfolge wieder zusammen. Seit sieben Jahrhunderten blicken sie so nicht mehr auf Christus. Man schmunzelt – und freut sich über dieses versteckte Juwel.

TIPP

Gascogne Papier ist Weltmarktführer für Öko-Packpapier. Fabrikführungen verraten, wie es hergestellt wird.

● Prieuré de Mimizan, 20, Rue de l'Abbaye, 40200 Mimizan, Tel. +33 (5 58) 09 00 61

Kleinod der Gascogne

75

Das Welterbe-Städtchen Bazas an der Beuve

Am späten Nachmittag ist es am schönsten in Bazas, einer Kleinstadt im Süden des Départements Gironde an den sanften Hügeln der Wälder der Landes de Gascogne. Dann leuchtet die Fassade seiner Kathedrale Saint-Jean-Baptiste wie pures Gold und setzt den geradezu überreichen Portalschmuck wie ein Gemälde in Szene. Grandios, diese Gotik! Mit vielen anderen Pilgerzielen an Frankreichs Jakobswegen gehört auch sie seit 1998 zum Welterbe und verzaubert im Innern mit den Klängen ihrer wunderschönen, türkisblauen Orgel.

Rechts vom Gotteshaus versteckt sich der malerische Jardin du Chapitre und eröffnet schöne Blicke auf die Südseite der Kathedrale, die Stadtmauern und das weite Tal der Beuve. Unter den Arkaden der Place de la Cathédrale stellen dann die Cafés und Bars Tische und Stühle auf das Trottoir, und der Südwesten zelebriert den Apéro mit einem Getränk unter Freunden zum Feierabend: ein Glas Süßwein, begleitet von Gänseleberpastete mit Sauternes oder einem kräftigen Rotwein zur Gascogne-Pastete. Dabei schweift der Blick auch über die Arkadenhäuser des großen, weiten Platzes.

Eines sticht heraus: Über ihren Fenstern ist die elegante Maison de l'Astronome mit Sonne, Mond und Sternen verziert – und auch der Hausherr hat sich auf der Fassade verewigt. Kleine Gassen führen vom Stadtplatz mit seiner alten Markthalle zu den Resten der alten Stadtmauern im Tal der Beuve. Dort beginnt auf einer Allee mit uralten Kastanien die markierte Promenade de la Brèche, eine 7,5 Kilometer lange Runde vorbei an allem Sehenswerten von Bazas. Am Wegesrand liegt das ehemalige Krankenhaus Saint-Antoine. Drinnen bewahrt es einen wunderbaren Ort: die Apotheke mit Fayencen, Glaswaren und pharmazeutischen Geräten aus dem 18. Jahrhundert. Auf Kopfsteingassen geht es zur Kathedrale. Jeden Samstag herrscht zu ihren Füßen ein besonders buntes Treiben. Dann ist Markttag in Bazas, und die besten Produzenten des Umlands locken mit Köstlichkeiten der Region.

TIPP

Beim Festival Musiques en Bazadais erklingt im August klassische Musik in der Rathaushalle von Bazas.

● 33430 Bazas, Office de Tourisme, 1, Place de la Cathédrale, Tel. +33 (5 56) 25 25 84 ● ÖPNV: Bus 512, Haltestelle Centre

Bei Tim und Struppi

76

Frankreichs Comic-Hauptstadt Angoulême

Überlebensgroß prangt er auf einer Fassade: Tim, der rasende Reporter aus Belgien mit seinem Foxterrier Struppi. Wenig weiter schmückt sein raubeiniger, unentwegt fluchender Kapitän Haddock einen Getränkeautomaten. Tifeuf blickt mit Eierkopf und Federlocken neben einem Fenster auf die Passanten herab, und auch die Comichelden Blake und Mortimer haben die Fassaden von Angoulême erobert.

100 Meter hoch über der Charente thront die alte Stadt, die Balzac in „Verlorene Illusionen" literarisch verewigte, auf einem Plateau. Doch daran erinnert sich heute kaum noch jemand. Umso präsenter sind die Bücher, die der Stadt Weltruhm verschafften: Comics. Als 1974 ein paar Comic-Verrückte die erste Comic-Messe auf die Beine stellten, war Angoulême für die meisten noch ein unbeschriebenes Blatt. Und Comics, in Frankreich *bandes dessinées* genannt, waren als Kunst nicht anerkannt. Wer als Eltern auf eine gute Erziehung achtete, verbot damals auch in Frankreich seinen Kindern ein solches Medium. Doch der Siegeszug des Comics ließ sich nicht aufhalten. 1977 adelte Hergé mit seinem Besuch die kleine, feine Veranstaltung. Heute lässt die Comic-Kultur Angoulême das ganze Jahr brummen. 25 Comic-Wandbilder zaubern dort beim Spaziergang der Sprechblasen-Kunst ein Schmunzeln aufs Gesicht, lassen Kindheitserinnerungen lebendig werden und wecken die Neugier. Was wird wohl auf dem nächsten Œvre zu sehen sein? Es ist ein riesiges Wandbild, das den bekanntesten Giganten des Genres ehrt: René Goscinny. 196 Quadratmeter groß ist die Hommage von Catel. Es zeigt den berühmtesten französischen Zeichner in seinem Atelier, umgeben von seinen berühmtesten Schöpfungen: Asterix, Lucky Luke, Iznogoud und Le Petit Nicolas. Beeindruckend! Natürlich wurde diese Hommage nicht einfach irgendwo auf die Fassade gemalt – sondern am Eingang der Rue Goscinny! Auch den Vater von Tim und Struppi, Hergé, hat Angoulême bereits mit einem Straßennamen geehrt. Und feiert beide beim jährlichen Comic-Festival im Januar.

TIPP

Europas größtes Comic-Museum präsentiert die vielen Facetten von Comics und Graphic Novels.

- Musée de la Bande Dessinée, Quai de la Charente, 16000 Angoulême, Tel. +33 (5 45) 38 65 65
- ÖPNV: Bus 6, Haltestelle La Cité

♥titeuf

Weinselig an der Garonne

77

Die Cité du Vin von Bordeaux

Gold wie die Sonnenstrahlen auf der Garonne, die Fassaden der Häuser im Winzerviertel Chartrons oder die Farbe der Süßweine von Sauternes: So setzten die Franzosen von XTU und die Engländer von Casson Man Limited 2016 die Cité du Vin ins Bacalan-Viertel von Bordeaux. Drinnen inszeniert die Erlebnisausstellung eine interaktive wie immersive Reise ins Herz der Weinkultur und des Weinbaus – in Bordeaux und aller Welt. Nach Herzenslust kann man sich hier von seiner Neugier treiben lassen und seiner Nase folgen. Einen festen Rundgang gibt es nicht, sondern nur einzelne, thematisch abgeschlossene Module.

Nicht nur die Augen, sondern alle Sinne sprechen sie an! An einem langen Tisch laden Kupfertrichter zum Schnüffeln: Welcher Duft steckt wohl unter dem Glaskolben? Es ist gar nicht so leicht, die Rätsel der Aromabar zu lösen. Wenig weiter erklärt eine Flaschenparade mit sechs verschiedenen Typen die einzelnen Weinfamilien. Videoclips bieten ein *Tête à Tête* mit Winzern. Dann lädt eine Multimediaschau mit Projektionen am Boden und auf drei riesigen Leinwänden zur digitalen Weltreise durch die großen Weinregionen der Welt: ein Gefühl, als würde man fliegen!

Bei einer zweiten virtuellen Reise geht es in einem Boot mit 50 Plätzen und 220-Grad-Bildschirm auf eine Zeitreise durch die Geschichte des Weinhandels – hautnah, als sei man beim Händler mit dabei. Danach ist die Lust, Wein auch einmal zu kosten, geradezu unbändig. Wie gut, dass der Eintrittspreis eine Verkostung beinhaltet. Dazu saust der Fahrstuhl hinauf in die achte Etage, wo dicht an dicht Tausende Weinflaschen über der Eichenbar hängen. Das Ticket gereicht: freie Auswahl! Tiefrot funkelt ein Bordeaux im Weinglas. Rundherum ist die Bar verglast. Die Aussicht aus 35 Metern hoch über der Garonne ist schlichtweg grandios. Und ein Erlebnis wie der Rote, der erst das Auge, dann die Nase und schließlich den Gaumen umschmeichelt. Weinselig an der Garonne!

TIPP

Einfach köstlich sind die canéles von Baillardran, karamellisierte Minigugelhupfe mit Rum-Vanille-Aroma.

● Cité du Vin, 134, Quai de Bacalan, 33300 Bordeaux, Tel. +33 (5 56) 16 20 20
www.laciteduvin.com

Alles im Einklang

78 Stand-up-Paddling am Fort von Socoa

Merci, Seedeiche! Gleich drei dieser wehrhaften Wasserbarrieren – Socoa, Artha und Sainte-Barbe – schützt die Baie de Saint-Jean-de-Luz vor den Brechern des Atlantiks im Golf von Biskaya. Spiegelglatt sind so die Fluten dieser kreisrunden Bucht. So ruhig zeigt sich die baskische Küste sonst nirgendwo! Ganz besonders still ist die See im Schatten des Forts von Socoa. 1627 begann sein Bau. Kaum fertig, ließ sie der berühmte Festungsbaumeister Vauban verstärken. Bis ins 19. Jahrhundert sicherte es die Bucht. Heute untersucht eine europäische Universität dort das Meer.

Vor der Bucht sind kleine Kabinenkreuze und bunte Batteleku-Boote vertäut. Die 5 bis 6 Meter langen Holzboote waren einst die kleinsten mit Segel und Ruder betriebenen Fischerboote der Basken. Heute werden sie fast nur noch bei Heimatfesten, Festivals oder sportlichen Wettkämpfen wie der Teink Trophy eingesetzt. Seit 1993 müssen sich die Ruderer dabei mit ihrem Batteleku von Getxo bis Saint-Jean-de-Luz auf dem Meer in die Riemen legen.

Deutlich entspannter geht es zu bei dem Sport, der heute Hochkonjunktur am Strand von Socoa hat: das Stand-Up-Paddling. Von Ostern bis Oktober stehen dicht an dicht die Paddelbretter vor kleinen Sportgeschäften. 2 Stunden lang zeigen staatlich geprüfte Surflehrer bei Einführungskursen die richtige Technik. Los geht‘s zunächst am Strand: Aufsteigen und Absteigen, Gleichgewicht, Paddeln und Steuern. Was im Sand so leicht gelingt, ist im knietiefen Wasser bereits eine Herausforderung. Und platsch, rein ins Nass! Doch schon beim dritten Anlauf klappt das Stehen, tauchen beide Arme das Paddel ins Wasser, entfernt sich die Küste, weichen Alltag und Hektik zurück. Das Board gleitet ruhig durch die Bucht, hin zu den Booten, zum Fort, zum Seedeich. Jedes Eintauchen macht stolz. Jeder Paddelzug ist Ganzkörperfitness. Langsam löst sich die Gruppe auf. Ganz allein auf dem Board mitten auf dem Meer stehen: pure Freiheit und Prickeln im Bauch!

TIPP

ALAÏA heißt die Schlemmerterrasse von Socoa: ein Strandlokal mit bester Meeres- und Saisonküche.

● Fort von Socoa, Leihbretter und Kurse bei den Surfshops im Port de Socoa entlang der Avenue du Commandant Passicot, 64500 Ciboure

SOCOTARA

Rendezvous mit Thunfisch

79

Der Fischereihafen von Capbreton

Seezungen, Seebarsche, Sardinen und Goldbrassen stapeln sich im Winter auf den Auslagen am Kai. Im Frühjahr und Sommer sind Meerbarben und Makrelen um meterlange Thunfische und winzige Tintenfische arrangiert. Nebenan locken Seehechte, Golddoraden und Drachenköpfe. Wenig weiter drapiert ein Händler Krabben und Garnelen um eine große Platte mit Austern aus Hossegor. Tag für Tag, jahrein, jahraus, verkaufen die Fischer in Capbreton direkt an der Kaikante frischen Fisch und köstliche Meeresfrüchte. Ihr Marché du Poisson ist ein Erlebnis, das alle Sinne anspricht – auch, wenn man kein Fischliebhaber ist. Jeder Markttag ist eine Bühne des Lebens, erzählt von der harten Arbeit auf See, berauscht mit Gerüchen und Farben.

19 Boote umfasst die Fangflotte des einzigen Hafens im Département Landes. L'Enfant terrible (schreckliches Kind), P'tit Loup (kleiner Wolf), Le Viking (der Wikinger) und Le Petit Prince (Der kleine Prinz) haben sie ihre Kutter genannt, mit denen sie mal für einen Tank, mal für eine ganz Woche hinausziehen in die Weiten des Atlantiks und zwischen dem Becken von Arcachon und dem südlichen Baskenland fischen. Da werden Netze zwischen Stangen und Bojen gesetzt, Reusen an Bord gewuchtet und Langleinen mit Nebenleinen und Köderhacken ins Meer gelassen. Der einzige Trawler von Capbreton rollt vor der Küste sein Schleppnetz ins Meer. Jeder Fischer hat seine eigene Fangtechnik. Ihre Rückkehr verkünden die Möwen, die mit gellenden Schreien den Booten folgen. Kaum festgemacht, knallen die Kisten auf die Kais, wird das Boot gesäubert, ein Netz repariert. Wohin man schaut: großes maritimes Kino! Seit sieben Jahrhunderten prägt das Meer das Leben in der „Stadt der 1000 Kapitäne". Über das Treiben im Hafen wacht die *capitainerie.* Zu ihren Füßen tragen 19 Stände die Namen der 19 Kutter, trifft der Puls des Hafens auf die Düfte und Hektik des Marktes. Ohne Zwischenhändler kommt der Fisch direkt vom Kutter in die Küche. *Merci,* Sonnenkönig, für dieses Privileg!

TIPP

An der Hafeneinfahrt von Capbreton beginnt Le Gouf, ein 300 Kilometer langer Unterwassercanyon.

● Marché de Poisson, Avenue Georges Pomidou, 40130 Capbreton
● ÖPNV: Bus 7, Haltestelle Capbreton

Grandiose Bilder-Orgien

80 Les Bassins des Lumières in Bordeaux

Völlig eintauchen in Kunst: In der einstigen deutschen U-Boot-Basis von Bordeaux im Bacalan-Viertel ist dies seit 2020 in den faszinierenden Bassins des Lumières möglich. Dort zeigt Culturespaces digitale Ausstellungen, die weltberühmte Künstler aus allen Epochen der Kunstgeschichte ganz und gar immersiv vorstellen. Farben und Musik verschmelzen zu einem grandiosen Gesamterlebnis. Die Sonnenblumen von Vincent van Gogh leuchten auf den Wänden, spiegeln sich in den Bassins und lassen die eigenen Haare strahlen. Dann lädt Renoir zu einem Tanz mit Ruderern in einer *guinguette,* einem Ausflugslokal am Ufer der Marne, träumen und *Musette*-Klänge vom Akkordeon lassen die Füße wippen. Der Kuss von Klimt, Picassos kubistische Frauen, die Engel von Chagall und Mittelmeerszenen von Bonnard und Monet, aber auch Yves Klein und Frankreichs aktuelle Avantgarde waren in Bordeaux schon zu sehen.

Das Konzept feierte bereits in den Carrières des Lumières von Les Baux-de-Provence und den Ateliers des Lumières von Paris große Erfolge. In Bordeaux ist alles noch viel gigantischer. Die Ausstellungsfläche ist drei- bzw. fünf-mal so groß – und spiegelt sich in vier Becken, 110 Meter lang, 22 Meter breit und 12 Meter tief. Säulen und Stege inszenieren Kulissenspiele. Unablässig wandern die leuchtenden Bilder über die Wände, die Decke und die Böden. Zooms holen Details heran. Mal blitzschnell, dann ganz langsam, fließen die Motive dahin und berauschen die Sinne, während man die Kais entlangwandert, über Brücken spaziert oder hoch zur Tribüne steigt und die faszinierende Kunstschau aus immer neuen Perspektiven erlebt. Im kleinen, kreisförmigen Saal von La Citerne hocken oder legen sich die Besucher am Rand hin und versinken völlig in die digitale Kunstschau. Noch experimenteller und futuristischer sind die Kreationen, die der Würfel Le Cube zeigt, lauter faszinierende Zukunftsreisen in die fremden Galaxien des Online-Universums auf einer 8 Meter hohen, 220 Quadratmeter großen Rundumleinwand. Grandios!

TIPP

Ganz in der Nähe verkauft Bordeaux' erste Whisky-Brennerei Moon Harbour den torfigen Pier 2 Blended Malt.

● Les Bassins des Lumières, Impasse Brown de Colstoun, 33300 Bordeaux, Tel. +33 (5 35) 00 00 90, www.bassins-lumieres.com

● ÖPNV: Bus 9, Haltestelle Base Sous-Marine

Bibliografische Informationen der Deutschen Nationalbibliothek
Die Deutsche Nationalbibliothek verzeichnet diese Publikation in der Deutschen Nationalbibliografie; detaillierte bibliografische Daten sind im Internet über http://dnb.d-nb.de abrufbar.

Konzeption/Satz: Droste Verlag, Düsseldorf
Einbandgestaltung und Illustrationen: Britta Rungwerth, Düsseldorf, unter Verwendung von Bildern von © Fotolia.com: jd – photodesign.de; © iStock: Plociennik Robert
Fotos: Hilke Maunder
Textlektorat: Christa Pohl, Heßdorf

FSC
www.fsc.org
MIX
Papier aus verantwortungsvollen Quellen
FSC® C011279

Druck und Bindung: LUC GmbH, Greven
ISBN 978-3-7700-2488-9

www.droste-verlag.de